普 天 之 下 · 盡 是 好 書

普天出版家族
Popular Press Family

凌雲文創
A-Plus Creative Company

Thick Black Theory

Thick Black Theory is a philosophical treatise written by Li Zongwu, a disgruntled politician and scholar born at the end of Qing dynasty. It was published in China in 1911, the year of the Xinhai revolution, when the Qing dynasty was overthrown.

厚黑學

求人辦事必須知道的厚黑法則

完全使用手冊

求人辦事篇

培根曾經寫道：

「有些承諾比直接拒絕還要惡毒，也就是那些一開始讓你充滿希望，最後卻讓你徹底失望的空頭承諾。」

因此，在這個口是心非的年代中，
想要求人辦事，必須具備一點點的權謀和心機，
千萬別做出那種把「珍珠」送到「豬」的面前，
讓牠踐踏完之後，還反過來咬你一口的蠢事。

Thick Black Theory is a philosophical treatise written by Li Zongwu, a disgruntled politician and scholar born at the end of Qing dynasty. It was published in China in 1911, the year of the Xinhai revolution, when the Qing dynasty was overthrown.

王照

【出版序】

現實很殘酷，你必須學點厚黑心術

人不能只有小聰明，卻沒有大智慧；厚黑學不是教你賣弄聰明、耍奸玩詐，而是教你借用別人的能力，快速達成自己的目的。

・王照

現實很殘酷，想在慘烈的人性戰場存活，就必須學點厚黑心術，才能借用別人的能力，快速達成自己的目的。

用點手腕、使點手段，掌握一些厚黑技巧，往往是讓問題迎刃而解的最佳捷徑，同時也是現代人求生自保必備的智慧。

就本質來說，智慧和厚黑的內容是相同的，只不過是同一種應對模式的正反說法，岳飛用的時候，我們稱之爲智慧，秦檜用的時候，我們叫它厚黑。

古往今來的歷史經驗與生活教訓告訴我們：成功的秘訣就是智慧。唯有智慧才能使人脫胎換骨，也唯有智慧才能改變人生！

諸葛孔明向來被視爲智慧的化身，英姿煥發，才智溢於言表，手執羽扇頭戴綸巾，談笑間敵艣灰飛煙滅，何其瀟灑自如！他靠的是什麼？答案是智慧。

《西遊記》中的齊天大聖孫悟空護送唐僧前去西天取經，歷經九九八十一難，上天入地，翻江倒海，橫掃邪魔，滅盡妖孽，何其威風暢快，激動人心！貫穿整部《西遊記》的是什麼？答案還是智慧。

許多世界知名將領身經百戰，洞察敵謀，所向披靡，締造一頁頁傳奇。他們何以能叱吒風雲，在險惡的戰場屢建奇功？靠的還是鬥智不鬥力的智慧。

拿破崙橫掃歐洲大陸，如入無人之境；愛迪生一生發明無人能出其右，廣爲世人稱道，原因都在於他們懂得搭建通向成功的橋樑，擁有打開智慧寶庫的鑰匙。

當你前途茫茫、命運乖舛，輾轉反側卻不得超脫的時候，你需要智慧；當你面臨群丑環伺，想要擺脫小人糾纏之時，你需要智慧。

在你身陷絕境，甚至大禍迫在眉睫之際，想要化險爲夷、反敗爲勝，你需要智慧；在你萬事俱備只欠東風的時候，如何把握機稍縱即逝的良機，你需要智慧。

在你身處險境、危機四伏時，想躲避來自四面八方的暗箭，你需要智慧；在你春風得意馬蹄疾揚的時候，如何不致中箭落馬，更需要智慧。

在十倍速變化的世紀裡，古人所說的「離散圓缺應有時，各領風騷數百年」景況將不復出現，一個人的影響力、穿透力至多只能維持數十年。

我們當中，只有極少部分的人能靠著智慧和不斷自我砥礪，而獲得通往成功的通行證，絕大多數的人都將繼續在失敗的泥沼中跋涉，最後慘遭時代吞噬。

更殘酷地說，從來沒有一個世紀是愚騃無知之徒的世紀——他們充其量不過是歷史煙塵中庸碌的過客，或者任由豺狼宰割的羔羊；他們想擁抱時代，時代卻無情地吞噬、遺棄、嘲弄他們。

無疑的，二十一世紀是智者通贏的世紀，我們既面臨空前無情的挑戰，同時也面臨曠世難遇的機遇。

失意、落敗、悲哀無可避免地會降臨在那些愚騃懵懂、懦弱無能的人身上，這些人將成爲時代的棄兒，被遺棄在歷史的垃圾堆。

成功的機遇則會擁抱那些充滿智慧、行事敏捷、勇於進取的人；唯有這些人方能成爲時代的驕子，分享新世紀的光輝和榮耀。

洛克維克曾經寫道：「狼有時候也會保護羊，不過那只是為了便於自己吃羊。」在這個誰低下脖子，誰就會被人當馬騎的年代裡，如果想要生存下去，就要具備厚黑的智慧，既要通曉人性的各種弱點，又要懂得運用爲人處世的技巧。

本書要教導讀者的，就是在人性叢林中成功致勝的修身大法。內容包含兩個層面，一是自我素質的快速提昇，透過吸收書中列舉的借鏡與知識，累聚各式各樣必備的智慧，增進自身的涵養；一是徹底摸清人性，修習爲人處世的技巧，運用機智、適當的手腕，適時發揮本身所具備的才能。

這兩者正是獲得成功的最重要因素，也是決定性的因素。

人不能只有小聰明，卻沒有大智慧；厚黑學不是教你賣弄聰明、耍奸玩詐，而是教你看穿人性、修練人生。如果你不懂得厚黑學，不懂得洞悉別人如何耍弄心機，那麼永遠都只會是人性戰場上的輸家。

01. 給人留面子就是給自己留後路

無論是什麼人，都不願意別人揭自己的舊傷疤，所以當別人舊事重提時，憤怒就油然而生了。

02. 打了一巴掌之後，記得給一顆糖

在言語上，你應該巧妙地讓下屬感覺到你的關懷，使他不對你記恨，而是把你的批評看作為一種激勵、一種鞭策。

03.

沒有誠實的狐狸，也沒有吃素的老虎

緬甸有句諺語說：「世上沒有誠實的狐狸，也沒有吃素的老虎。」在這個誰也不肯承認自己有錯的都市叢林中，你必須隨時提醒自己，千萬別去踩到別人的痛處。

04.

不妨拍拍部屬的馬屁

在辦公室裡擺起架子對部下惡言斥喝，也不過是想要他好好辦事，其實要達到這種效用，有時還不如「虛情假意」地哄哄他。

05. 要爭天下，必先爭人

爭天下必先爭人，而人才的來源除了要自己努力培養外，還要把眼光放在外面，從外地引進和挖掘人才。

06.

充分授權給你信任的下屬

責任和權力是一對不可分離的孿生兄弟，領導人要使部下對工作負責，就得給他應有的權力，這不僅是對他的信任和尊重，更是讓他開展工作的主要條件。

07.

為自己營造聲勢，就能創造優勢

人為即是天意，無論是陳勝、趙匡胤，還是歷史上其他風雲人物，都是靠著自己營造聲勢而領盡一時風騷。

08. 自作聰明，小心惹禍上身

人可以沒有大智慧，但是絕對不要亂耍小聰明，否則就會步上楊修的後塵，為自己招來禍害，死得不明不白。

09.

如何踩著同事的肩膀往上爬

你能不能踏著同事的肩膀順利往上爬，全看你是否平常就牢牢掌握了同事的心，這會影響到他們願不願意在關鍵時刻支援你，至少不要扯你的後腿。

10.

做個聰明的老實人

做人應當誠實正直，不要有害人之心，不過，防人之心也不可無，畢竟人的心思是很難讀懂的，必須提防別人口蜜腹劍的算計。

11. 以柔克剛，才不會兩敗俱傷

以剛克剛，容易落得兩敗俱傷，面對剛烈之人，更應以己之長克其之短，而不是硬碰硬，推向玉石俱焚的危險態勢。

1
PART

給人留面子
就是給自己留後路

無論是什麼人，都不願意別人揭自己的舊傷疤，所以當別人舊事重提時，憤怒就油然而生了。

你敢用別人不敢用的「人才」嗎？

即使你引進的人才無法幫助自己拓展事業版圖，也並不能說明你當初的決策是錯誤的，更不能停止自己今後引進人才的步伐。

在選聘人才為自己辦事時，慎重其事是應該的，但是，假使過於優柔寡斷只會使自己喪失真正人才。

事實上，人才的優劣必須經過長時間的考驗，而且，任何人都不可能保證自己所聘用的每一個人，都能產生絕對的經濟效益。

唐代詩人白居易曾揮筆寫下千古流傳名句：「試玉要燒三日滿，辨材須待七年期」，意思是說，要驗證寶玉是真是假，就得用火燒三天；要分辨一個人是不是貨真價實的人才，必須等上七年。這無疑說明了識別事物的真偽、鑑定人才的優劣，必須經過長時間的考驗。

想要成就一番大事，在選用人才時，要有敢冒風險的精神和廣厚的心胸，因爲，有關人才決策與其他決策一樣，不可能有絕對成功的把握。

有位知名的科技公司老闆曾經講過：「引進三個人才，有一個能發揮作用，就算是成功了。」這話很有見地，因爲一個成功人才所創造的經濟效益，足以抵消十個不成功的人事案。

但是，有人免不了擔心，花上這麼大筆的人事費用是否值得？假如招進來的是一個庸才或是根本做不出成果的蠢才，豈不是白白浪費金錢？

這時，你必須牢記一句話：「不管做什麼事，都不可能有百分之百的把握，但是，只要有七成把握，就可以試著去做。」

然而，實際生活中，許多企業在招聘人才時，缺乏的就是冒風險、押「賭注」的勇氣與膽識，在不該猶豫的時候思慮萬千，擔心上當受騙。

例如，人才各方面條件都很好時，就懷疑既然條件這麼好，原公司爲什麼還要放人呢？人才從環境好的公司到環境差的公司，他就更懷疑這其中有見不得人的「名堂」……總之，對所聘請的人才的眞實能力不敢輕易相信。於是，出現了這樣一個怪現象：沒有人才時就到處嚷著缺人才，當人才送到面前時卻又不敢用。

不能苛求自己引進人才之時，非得百分之百成功不可。如果你不敢大膽嘗試，就會把許多具有眞才實學的人拒於門外。

反過來說，你想要引進適合的人才，就必須有敢冒風險的精神，做好交學費的準備。從這個意義上說，即使你引進的人才無法幫助自己拓展事業版圖，也並不能說明你當初的決策是錯誤的，更不能停止自己今後引進人才的步伐。

厚黑智典

放風箏要逆風而行，而不是順著風走。在沉穩死寂中，任誰也休想有何作為。

——英國詩人哈瑞克

你是在磨練人才，還是折磨人才？

接受考驗、鍛鍊，吃苦受累，這無可非議，但是許多領導者只給員工準備了受苦的「條件」，卻並沒有提供學習實際本領的條件。

剛踏出大學校門、擁有較高學歷及文憑的年輕人，最容易犯的通病是：高傲自信，想急於表現自己的才能。

他們在具體工作上不墨守成規，銳意進取並積極創新，但往往急於求成，忽視檢討工作的正常步驟和品質的要求。正因如此，許多領導者都會把剛來的社會新鮮人先放到基層接受鍛鍊，讓他們的好高騖遠變成腳踏實地。

從理論上來說，這個思路和方法是正確的，但在實際工作中，執行起來往往卻變了調。爲什麼呢？

一是，許多中級幹部內心中，並不是真的要讓這些社會新鮮人接受磨練，而是帶有殺殺銳氣、給點顏色瞧瞧的意味。尤其是學歷不高、從基層爬起來的小主管，更抱有這種不健全的心態，他們會在心裡輕蔑地說：「哼，大學生有什麼了不起？沒有實際經驗，連一個工人都不如！」

接受考驗、鍛鍊，吃苦受累，這無可非議，但是許多領導者只給員工準備了受苦的「條件」，卻並沒有提供學習實際本領的條件。

二是，許多領導者把部屬從基層提拔上來，看作是自己對他們的恩賜，因此，就要求他們要服從領導權威。至於那些喜歡挑問題、不聽話的人，不管有多麼傑出的才華，也別想得到青睞和重用。

久而久之，得到了擢升的，並不是那些在基層苦學、找出問題的人，而是那些努力與領導接觸、只會討好上司的人。在這樣的用人環境中，人最可貴的稜角可能就會被磨圓。這對公司和他們本身都是一個損失。

一些知名的跨國公司，對待社會新鮮人卻是另外一種做法。

當畢業生來到這些企業，一般都能被安排到合適的位置，由於這些公司有完善的管理機制，以及先進的設備技術等，社會新鮮人即使在基層接受鍛鍊，對他們自己的專業知識和工作態度也是一種提高，再加上有較優厚的待遇，因此，他們都「樂在工作」。

這些跨國企業，還有完善的升遷機制，職務和待遇的提昇完全看個人的表現，而不是看員工和上司間的關係如何，今天干得好，明天就有可能被提拔，這才是正確的用人之道。

厚黑智典

這個世界上充滿著許多心甘情願的人，一部分人心甘情願地為別人工作，另一部分人則心甘情願地讓他們為自己工作。

——羅伯特·弗羅斯特

如何讓批評恰到好處

對於那些心懷不滿的下屬，除了要進行嚴厲的斥責，也不妨聽聽他的牢騷，然後，再針對他們的心理和錯誤進行有效的批評。

批評不應該永遠是暴風驟雨，也應該有和風細雨的時候，這才是求人辦事之時應該具備的最高智慧。

有時候，領導者對犯了同一種類型、同樣程度錯誤的人進行批評，但批評的效果卻完全不同，有的人接受了並積極改正，而有的人卻仍然我行我素，原因是什麼呢？

就在於批評尺度太單一。

批評也要因人而異，因爲每個人對於批評的感受能力和敏銳程度，是有差別的。

因此，批評的時候，除了要顧及下屬們的自尊心，還要對他們的心理和性格進行瞭解，並考慮對什麼下屬用什麼批評方式。

對於一個領導者來說，有兩種下屬會比較容易接受批評，一種是性子比較直率的下屬，一種是能力和魄力比較強的下屬。

當然，要注意一種比較特殊的情況，有些下屬在心裡已經承認自己錯了，但由於自尊心比較強，一時拉不下臉，所以口頭上才拒不接受。

對於這樣的下屬，你的批評一定要適可而止。

直率和有魄力的下屬，接受批評後會很快地振作起來，因爲他們通常不會把別人的批評牢牢記在心上而產生對抗心理，也不會過度去聯想別人對自己的態度，一投入工作，就什麼都忘了。

至於性格軟弱的下屬則不同，批評得稍微嚴厲一點，他們就受不了，會長久地記在心頭，甚至以後碰到類似的問題，就畏縮不前、膽小怕事。但他們有一個特點，就是對於間接式的批評比較容易接受。因此，對於這樣的下屬，你只要採取提醒性的方式，點到爲止。

每一個團體都有一些心懷不滿的人，這樣的人最不好管理，也最不好差遣。因爲，他們的自尊心很強，對別人的批評也非常敏感。但相對的，他們對於自己所犯錯誤又認識不清，總認爲別人是在藉機找自己的碴，對別人的批評也是充耳不聞，當成耳邊風。

因此，當你批評這種人一定要注意方法，因爲一處理不好，說錯了話，讓他抓到把柄，他就會大吵大鬧，鬧得不可開交。

批評這種人一定要有充足的證據，並且可以採取非常嚴厲的批評手法，因爲只有徹底地整治他，他才會痛改前非。

有時，只用一種方法去批評很難奏效，可以從另一個角度試試，像對軟弱的下屬批評，除了前面所提的提醒式外，還可以採用鼓勵式的方法。例如對他說：「我希望你下次能發揮出你的全部能力來」，「我認爲這種工作品質並不代表你的正常水準」……等等。

因爲，這種下屬對別人的評價很敏感，即使你不全部把話說出來，他也會知曉你話中的眞正意思。

對於那些心懷不滿的下屬，除了要進行嚴厲的斥責之外，也不妨聽聽他的牢騷，然後，再針對他們的心理和錯誤態度進行有效的批評。

例如，倘使他認爲他在工作上所犯的錯誤並不大，是你爲了整他而故意誇大的，你就可以把事實和前因後果向他闡述清楚，並考慮到他愛面子的心理，對他說：「你本來可以幹得更漂亮一點，怎麼老是心不在焉的？」「要把工作和生活分開，你很會享受生活，但在工作上還要認眞一點。」

厚黑智典

凡是想要獨立肩負重責大任的人，最好都必須有幾分演員的才能。

——海卡爾

如何面對狂妄自大的部屬

狂傲自大的人雖然在某些方面、某個領域內才能出眾，但仍有他的不足和缺陷。因此，你也可利用這點來讓他看到自己的不足，讓他自我反省，減低自己的傲氣。

有的下屬仗著自己「才高八斗」，就目空一切、恃才傲物，誰都看不起，包括自己的上司。頭痛的是，他又有一手絕活，公司缺少不了他。在這種狀下，你只能掌握這種下屬的個性，並學會與他和諧相處。

一個人狂傲未嘗不可，有時候，狂還是一種優點。但是，太過狂妄就不太好了，狂大之中帶有妄想，或許這種人是個人才，但他卻自命不凡，以為自己是曠世之才，前無古人後無來者。

如果一個下屬狂妄到這種地步，卻又不能開除他，那眞是教領導者頭痛萬分。

大凡恃才傲物的人都有如下的特性：

- 把自己看得很了不起，別人都不如他，大有「捨我其誰」的感覺。說話也一點不謙遜，甚至常常硬中帶刺，做事也我行我素，對別人的建議不屑一顧。
- 大多自命不凡，卻又好高騖遠、眼高手低，即使自己做不來的事，也不願看到或交給別人去做。
- 往往是性格怪異的自戀狂，聽不進、也不願聽別人的意見，不太和別人交往，凡事都認為自己才是對的，對別人總是抱持懷疑態度。

要跟這種下屬相處，必須先掌握他們的心理，然後採取有效的方法。

一是要用其所長，切忌壓制、打擊或排擠。

狂傲的人，大都有一技之長，否則，根本就沒人願意理會他。因此，你在看到他不好的一面時，一定要有耐心地與他相處，要視其所長而加以任用，絕不能因一時看不慣，就採取壓制的辦法。這樣，只會讓他產生一種越壓越不服氣的叛逆心理，當你需要用他的時候，他就可能故意拆你的台或扯你後腿。

因此，萬一你碰到這種人，就要想想劉備爲求人才三顧茅廬的故事，畢竟你是在爲自己的利益著想，而不是爲了別人的利益在忍氣吞聲，因此，在這種人面前，即使屈尊一下也不算太大的損失。

二是有意用短，挫挫他的傲氣妄念。

狂傲自大的人雖然在某些方面、某個領域內才能出衆，但仍有他的不足和缺陷。因此，你也可利用這點來讓他看到自己的不足，讓他自我反省，減低自己的傲氣。

譬如，安排一兩件做起來相當吃力，或者估計難以完成的工作讓他做，並事先故意鼓勵他：「好好做就行，失敗也沒關係。」

如果，他在限定的時間內做不出，你仍然和顏悅色安慰他，那麼，他就一定會意識到自己先前的狂妄是錯誤的，並會加以改正。

此外，狂妄自大的人，往往對自己說過的話不負責，信口開河說自己樣樣都行，其實他能幹的地方只一兩個方面。

領導者不妨抓住他喜歡吹噓的弱點，對他說：「這件事情全公司人都做不來，只有你才行。」而給他的工作，恰恰是他陌生或做不好的事情。

他遭到失敗是預料之中的事，失敗之後，同事肯定會嘲諷他，令他難堪，這時你要安慰他，不要讓他察覺你是故意要讓他出醜，這樣一來，他就會服服貼貼，雖然不可能改掉狂傲的脾氣，但你以後使用他的時候就順手多了。

三是要替他承擔責任，以大度容他。

狂傲自大的人由於總是認爲自己了不起，因此，做什麼事都顯得漫不經心，以表現自己是多麼厲害，隨隨便便就可以把一件工作做好，所以，常常會因爲這種心態而把事情搞砸。

這時候，你千萬不可以落井下石，相反的，要勇敢地站出來替他承擔責任，幫他分析錯誤的原因。這樣一來，他以後在你面前就不會傲慢無禮了，並會用他的特殊才能來幫助你完成工作。

厚黑智典

狂妄自大的人就像是隻公雞，認為太陽昇起的目的，只是為了聽牠啼叫。

——英國詩人艾略特

如何解除別人的心理武裝？

如果你的對手防禦嚴密，而且表現得毫不通融的時候，你不妨先洩漏自己的弱點，使對方解除戒心。

每個人都有不爲人知的一面，或多或少都有些個人的秘密隱藏在心裡。譬如，一個成就顯赫的人，通常不願別人探知他過去不光彩的歷史，諸如工作方面曾經遭遇失敗，或血氣方剛時犯下的大錯、肉體上的缺陷……等。

每個人都有自己的理由不願被人察知某些事，因此，便把個人的秘密便隱藏在心底，而且越藏越深。

正是由於個人的心事不願外露，所以人往往裝出一副毫無弱點的樣子來與人交往，時時刻刻小心翼翼地武裝自己。不過，如果我們在求人辦事之際，懂得適時解除自己的心理武裝，毫不掩飾地袒露自己的一些小缺點，對方自然也會以輕鬆的姿態和我們相交。

通常，人對於故意掩飾的行動，常會投以有色的眼光，還可能故意往壞的方面聯想。但如果我們本身不再掩藏什麼，而是坦誠相見，向對方表達信賴與好感，對方自然也會展現誠意。

退一步說，即使對方不懷好意而來，面對解除武裝、曝露缺點且採取低姿態的一方，也肯定會將惡意轉變爲好意。

如果你的對手防禦嚴密，而且表現得毫不通融的時候，你不妨先洩漏自己的弱點，使對方解除戒心。

即使經常以嚴肅態度板起臉孔拒絕別人的人，只要你轉變態度，以信賴的姿態與他們交談，也會使工作意外地順利進行。

這是因爲，人類一方面將自己不願讓人知道的秘密嚴密地隱藏，一方面又渴望將自己的秘密告訴某人。

其實，秘密是內心相當沉重的負擔，長久不安是很痛苦的事情，把心裡的不幸、不滿向相知的人傾吐，是人類本能的欲求之一。

法國思想家司湯達說：「向隨便什麼人徵求意見，敘述自己的痛苦，這會是一種幸福，可以跟穿越炎熱沙漠的不幸者，從天上接到一滴涼水時的幸福相比。」

揭露自我的缺點，可以巧妙地引導對方喚醒這種本能欲求，使對方向你透露本身的弱點和秘密，彼此之間的關係也會變得更融洽。

厚黑智典

勝利其實沒有什麼了不起，只不過是恰巧有一對銳利的眼睛，敏捷的思維，和不管發生什麼事都毫不猶豫的性格。

——西區考克

發飆之前不妨先忍一忍

你一定要管好自己的口，要牢記一句話：「沒有調查就沒有發言權。」見到問題時，先別忙著發怒和批評人，而是瞭解情況。

某企業的一個市場調查科長，因爲提供了錯誤的市場訊息而造成了企業的重大損失。犯了這樣難以彌補的錯誤，毫無疑問的，企業總經理可以不問理由地對他進行斥責，甚至撤職。

但是，這位怒上心頭的總經理，還是忍了忍，他想得先瞭解一下：到底是這位科長本身不稱職而聽信了錯誤訊息呢，還是由於不可預料的原因導致的？

於是，這位經理壓下了心中的怒火，只是心平氣和地把科長叫來，叫他把爲什麼判斷失誤的原因寫了分析報告交上來。

事情就這樣拖了一段時間，幾個月之後，這家公司因爲這位市場調查科長提供的訊息研判極爲準確而飽賺了一筆。

於是，總經理又叫人把那個科長請來，說：「你上次的報告我看了，你們的工作做得不太細緻，有一定責任，但主要是不可預測的意外原因造成的，因此公司決定免除對你的處罰，你也就不要把它再放在心上，只要以後記取教訓就行了。這一次，你做得不錯，爲公司提供了重要訊息，我們仍然一樣地表揚你。」

說完，總經理從辦公桌裡拿出一個紅包遞給他，這個科長接過來時，不禁眼眶泛紅，從此更加死心塌地爲公司做事。

身爲領導者，在批評下屬之前，一定要把情況瞭解清楚：這個錯誤是不是他犯的，這個錯誤是由於主觀原因，還是客觀原因……等等。

如果你一看到下屬出了問題，就不管三七二十一痛加批評和指責，假如他眞錯了，也許就默認了；但如果不是他的錯，肯定會對你滿肚子意見，雖然口頭上不說，但心裡一定怨恨：「你怎麼連情況都不問清楚，就隨便罵人呢？眞差勁！」

因此，在批評人之前，一定要瞭解事實，在心裡問一下自己：「我不會搞錯嗎？」否則，亂指責人，不僅落了個亂罵人的壞名聲，事後還得向下屬賠禮道歉。

然而，就算是你能放下架子，坦率地向下屬說：「對不起，是我弄錯了」，下屬所受的傷害和內心對你的憎惡，卻很難一下子就冰釋。

如果你瞭解這個錯誤確實是下屬犯的，也還要進一步調查和思考：這個下屬該承擔多大的責任？錯誤的原因是不可避免的，是一時的疏忽，還是明知故犯？

因此，你一定要管好自己的口，要牢記一句話：「沒有調查就沒有發言權。」見到問題時，先別忙著發怒和批評人，而是瞭解情況。這樣一來，主動權就操在你的手裡，你想在什麼時候、採取什麼方式對他進行批評和懲罰，完全由你決定。

厚黑智典

在你開口罵人之前，應該先把舌頭在嘴裡轉十個圈。

——俄國文豪屠格涅夫

給人留面子就是給自己留後路

無論是什麼人，都不願意別人揭自己的舊傷疤，所以當別人舊事重提時，憤怒就油然而生了。

所謂的「厚黑」，講究的其實就是寬容與圓融，因此，不管在什麼情況下，不管你多麼生氣，批評一定要對事，而不要對人。

俗語說：「樹有皮，人有臉」，所謂的臉，就是一個人的自尊。領導者在批評下屬時，一定要注意不能傷害下屬的自尊心。

當然，不同的人有不同的性格，對於批評，每個人自尊心的敏感程度也不一，因此要視不同物件，採取不同方式批評。

對那些自尊心較強和敏感的人，你要儘量小心說話，對他們所犯的錯誤點到即止；對於那些臉皮比較厚的人，語氣則可以適度加重些，如此才能使他們意識到所犯錯誤的嚴重性。

傷害別人自尊是最愚蠢的行爲的，因此，一般人不會這麼做，但是，在情緒不好或是發怒的時候，就難以控制了。

譬如，你看到下屬犯了一個錯誤，也許並不那麼在意，但是心裡一煩，就隨口罵了一句：「笨豬！」

結果會是什麼呢？堅強一點的下屬也許什麼都不作聲，只在心裡默默地回罵，懦弱一點的也許就含著淚水離去。

爲什麼簡簡單單的兩個字會造成這樣的結果？

原因非常簡單，因爲你傷害了別人的自尊心。

每一個人都有自尊心，即使他們是在犯錯的情況下，也別以爲他們錯了，你就可以隨意地數落他們。

須知，在自尊和人格上每個人都是平等的，你如果不顧及下屬們的自尊，把他們逼急了，他們也會反過來刺傷你的自尊與尊嚴。

揭人隱私是最傷人自尊心的一種形式。每個人都有不爲人知的秘密或隱私，在他過去的工作或生活歷程中，他也許曾犯下錯誤，甚至做過不光彩的事情。如果你知道內情，在你的下屬犯錯誤或和你有不同意見而出言頂撞的時候，你將會怎麼辦呢？是趁機揭人隱私，還只是就事論事？

一位聰明的領導者，是不會把別人過去的不堪情事一股腦地抖出來的，如果你這樣做，那你就太沒水準、太沒涵養了。

有些領導雖然不會把別人的隱私抖出，卻常常把它當作籌碼來壓制下屬。譬如，在盛怒的時候會說：「你少跟我鬥，你過去的黑資料還在我手中呢！」可憐的下屬會因爲的確有污點掌握在別人手中，只好忍氣吞聲，但他心裡卻是非常氣憤，於是，這種心情積累到一定程度，就會出現互相攻擊對方隱私的情況。

當彼此都把對方的隱私抖出來，弄得兩敗俱傷，除了引來一大堆人圍觀看戲之外，對誰也沒有好處。

因此，你要清楚，揭人瘡疤是最糟糕的行爲。每個人都難免有傷痕，更何況，工作是工作，又何必牽扯到個人的生活和隱私上去呢？

也許有人會說：「我並不是喜歡揭他的瘡疤，但是，他的態度實在太惡劣，我才忍不住這麼做的。」

這話乍聽之下似乎有道理，但實際上只說明自己胸襟太窄。

你在態度惡劣的下屬面前，可以採取兩種方式：一是不理他，要不然就狠狠地教訓他一頓，如果的確有必要借助揭過去的污點教訓他的話，最好採用暗示的方法，說：「過去的事情我在此就不多說了，你自己心裡明白。」

這種點到爲止的方法，通常會讓態度惡劣的下屬起警惕作用。

有一項調查指出，凡是喜歡翻舊帳的領導者，也喜歡把今天的事情往後拖延。這種拖拖拉拉的人，指責下屬也不乾脆，甚至當時根本就不表露他的批評態度，而在心裡說：「到時候，看我不整死你才怪！」

爲什麼舊事重提會引起下屬們的厭惡和反感呢？

這是因爲無論是什麼人，都不願意別人揭自己的舊傷疤，所以當別人舊事重提時，憤怒就油然而生了：「好啊，你原來是一個愛揭人瘡疤的小人。」這樣一來，不但他從此不再信任你，而且處處提防，形同仇敵。

當你對下屬說：「你不要以爲過去的事情沒有批評你，你就得意忘形了」或者諸如「過去的事還沒跟你算清，新的事又來了」的話，下屬肯定會心中發毛，認爲原來你是這樣的一個卑鄙小人，過去的事還念念不忘、抓住不放，看樣子，在這種人下面工作，是沒有什麼出頭之日了。

厚黑智典

大家都容易犯一個錯誤——勇於為他人定罪，但事實上，是勇於對他人的過錯加以攻擊。

——尼采

交淺言深會成為你的致命傷

只要你繼續給同事們「食餌」，儘量滿足他們的緊急需求，他們就不敢反咬你一口了，因此，無論多忙、多累，你都千萬不要鬆懈了這方面的努力。

想要使求人辦事的過程暢通無阻，平時就要建立良好的形象，和辦公室內的同事保持和諧而融洽的關係。

因此，和辦公室裡的異性交談的時候，應該注意到彼此的性別不同，而採取不同的談話方式。

同性別的同事交談，有時會隨便些，但若是和異性談話，就應該特別當心。當然，要注意的是男女有別，而並非處處設防、步步爲營。

譬如，辦公新來一位女同事，女性之間就自然會問起年齡、婚姻狀況，但若是男同事一開始就問這些問題，恐怕不僅是女同事本人，其他人也不禁要懷疑這個男同事心術不正了。

女同事與男同事談話時，應該態度莊重、溫和大方，千萬不要言詞輕佻，搔首弄姿，以免為自己惹來不必要的麻煩。

男同事在女性面前往往喜歡誇大其詞，顯示自己有多大的本事，並愛發表自以為超人出衆的思想，目的自然是引起對方的好感。對於這些浮誇不實的言語，女性都只能姑且聽之，不要過於相信。

如果對方嘮嘮叨叨說個沒完，實在令妳難以忍受，那麼大可藉機打斷他的話。同一辦公室裡，倘若對方不是交情深厚的同事，千萬不可肆無忌憚地暢所欲言。彼此關係淺薄、交情普通，你卻硬要和他深入交談，是件相當危險的事，有時會替自己招惹一些不必要的麻煩。

因此，在同一個辦公室內，要和週遭的同事搞好關係，談話時要考慮到親疏關係，對於交情普通的同事，大可只談天氣、政經局勢，少談自己的私事，也不要批評公司內部的重大決策。當然，這並不是要你與同事只保持表面上的客氣，平時工作上還是應該互相幫助。

要注意的是，儘量不要與窮極無聊的長舌同事議論別人的是非，更不可盡挑些上司、同事之間的八卦新聞東談西扯，這不但影響同事間的團結，同時也破壞了辦公室裡和諧的氣氛。

同事有時是工作夥伴，有時又是競爭的對手，這種說法雖然有點曖昧與矛盾，卻是不爭的現實。

你不妨明確告訴自己：「同事，就是與自己同時爭奪一件東西的一群人。」如此，你就清楚所謂「工作夥伴」的實際含意。也就是說，同事就是想在一場競爭中超越你的勁敵。

有了這種清楚的認識與定位，你就知道想要獲得同事的支援讓自己升遷，簡直就是一種高超的技巧。

但是，你仍然必須努力去嘗試，因爲，如果只有你才擁有晉升的希望，那麼其他的同事就不得不服從你。

從邏輯和現實層面來解釋，一旦你晉升了，就等於粉碎了他們的昇官夢想，所以，他們覺得不愉快是理所當然的事。

另外，就情緒上來說，就像孩子們會嫉妒受到優厚待遇的兄弟姐妹一樣，同事們也會既羡慕又嫉妒你的「幸運」。

因此，如果你一向樂於幫助別人，經常滿足同事們的某些需求，掌握住他們的心思，那麼，他們就會拋開成見，全心全意支援你。

只要你繼續給同事們「食餌」，儘量滿足他們的緊急需求，他們就不敢反咬你一口了，因此，無論多忙、多累，你都千萬不要鬆懈了這方面的努力。

厚黑智典

想要取得成功，就得順應潮流，切不可不知變通地逆流而動。

——澳洲作家斯托里

別在屬下的腿上拴一條繩子

信任的力量是無窮的，身為公司或單位的領導人，應充分相信和信任部屬的能力，否則，縱然自己做到累死，也難有大發展。

信任部屬是領導者的通行證。

一個團體或公司的大小事務，如果都必須由領導者一個人單獨去做的話，領導者縱使有三頭六臂也無可奈何，因此，必然得把一部分任務和責任交由下屬去完成、承擔。至於領導人對於部屬能不能充分授權，那就牽涉到彼此之間的信任問題。

有的人把任務分派給下屬後，依然喜歡事無鉅細地干涉和盤問，使得下屬處於爲難的境地，左也不是，右也不是。有的領導人則在提出辦事的大原則之後，對具體作法毫不過問，而是完全地交付下屬去完成。

比較這兩種不同的方法，很顯然的，第二種要高明得多，不但可以促進上司與下級之間建立和諧而信任的關係，也可以充分發揮下屬的積極性，檢驗他的思維和辦事能力到什麼程度。

相反的，那些不信任下屬的人，無異於在下屬的腿上拴一條繩子，看他們走偏了一點，就把繩子收得緊緊的，硬把他們拉回來。長久以往，下屬們自然不敢再走路，從而也就把他們的創造性、主動性也給抹殺了。試想，做上司的對下屬一點都不信任，下屬又怎能信任上司呢？

信任的力量是無窮的，身爲公司或單位的領導人，應充分相信和信任部屬的能力，否則，縱然自己做到累死，也難有大發展。

因此，你只應決定事情的大原則，其他的細節和過程部分都應交給你手下的人去辦理，他們在事情的細節方面，說不定比你瞭解得還要多。

但是，領導者在用人方面，自己一定要先進行考察，當你把任務交給下屬，並不代表你就可以把自己的責任推卸得一乾二淨，因此，如何用好一個得力的下屬是至關重要的。如果事情進行到一半，你忽然發現下屬的方向或方法完全錯，想再加以修正補救的話，不僅會影響到你的威望，而且會對公司造成損失。

因此，領導者在把任務交給下屬去辦理後，也要進行適當的調查和溝通工作，透過下屬的彙報、本身親自考察等形式來暸解工作的進展。

所謂「用人不疑，疑人不用」，並非不察人而用人，而是察人之後把任務大膽地交給可信之人。

用人時要有「你辦事，我放心」的氣魄，在把任務交給下屬去辦理時，要使他們感覺到「這件事交給你去辦準沒錯」，他們就不僅會在工作上全力以赴，同時，也會自然地對你產生一種親近感和信任感。

厚黑智典

「危機」一詞譯成中文時，是由兩個字組成，一個代表「危險」，一個代表「機會」。

——美國總統甘迺迪

你是別人眼中「失禮」的傢伙嗎？

給人良好的第一印象是非常重要的，有的人由於欠缺禮貌與涵養，以致於無法把握與人交流的方式，無形中失去了許多成功的機會，實在是相當可惜的事。

想要在關鍵時刻獲得別人的助力，平時就要有禮貌。

禮貌是形之於外的表現，禮節則是發自內心的風度。一個人在求人辦事、應對進退之時，除了表現得中規中矩、風度翩翩之外，還必須擁有一顆體貼的心，才不至於給人不自然或虛僞的印象。

體貼就是站在對方的立場著想，不增添他的困擾。

唯有輕易不打擾別人，彼此才能擁有和諧的人際關係。在人際互動中，必然要與想法不同、嗜好不同的人打交道，沒有適度的行爲規範，就會像一群想要互相親近的刺蝟，在親近對方的同時，自己和對方都受到刺傷。

常有人說道：「那個人沒有禮貌」或「那個人不懂禮節」，所謂禮節，並不只是外表文質彬彬、謙恭有禮，而是在與人相處的過程中，不使別人不愉快、不增添別人麻煩，對別人體貼關懷。

表達禮貌的方式，會因國家、地區、種族、習慣而有所不同，但無論如何，禮節就是對人充滿著體貼的心情，只要凡事替對方著想，不論身在哪個國家、遭遇到什麼人都行得通。

體貼，是禮節的最基本原則。

譬如說，吸煙有害身體健康，對不吸煙的人而言，更忍受不了煙霧之苦。因此，即使是在可以吸煙的地方談事，如果你想吸煙的話，也應該先向周圍的人打聲招呼：「對不起！」或詢問：「可以吸煙嗎？」

又譬如，參加隆重的宴會或出席正式場合時，如果你穿著邋遢的衣服，一定會使周圍的人感到不悅。

或許你會說：「我就是這樣，我高興怎麼穿就怎麼穿，有什麼不可以？」

問題是，在這種場合就是不可以隨便，如果你不喜歡穿著正式的服飾，就乾脆不要出席。

有時候，即使你非常用心要當一個有禮貌的人，但是如果不懂得體貼的形式或方法，就無法將心意傳送給對方，彼此的心靈也就無法相通。

出席正式場合，不懂該怎麼做才合乎禮節的時候，不妨好好觀摩別人的舉止，或者請教清楚禮節的人，這對你大有益處。

法國作家紀德說：「壞習慣的最大壞處是貶抑一個人的真正價值。」

給人良好的第一印象是非常重要的，有的人由於欠缺禮貌與涵養，以致於無法把握與人交流的方式，無形中失去了許多成功的機會，實在是相當可惜的事。

厚黑智典

很多偉大的戰略只不過是偉大的夢想，但是這些幻想比最精心構築的計劃，還要有創意，也還要有效。

——加拿大作家名茨勃格

2 PART

打了一巴掌之後，記得給一顆糖

在言語上，你應該巧妙地讓下屬感覺到你的關懷，使他不對你記恨，而是把你的批評看作為一種激勵、一種鞭策。

不要老是拿別人當替死鬼

如果一出了問題，你就把責任往下屬身上推，拿下屬做擋箭牌、替死鬼，那麼，毫無疑問的，這個下屬從此就有可能對任何工作都不再熱心。

穿衣要看天氣，批評也要看場合。

批評下屬一定要注意場合，而且不能罵得像潑婦罵街。

因爲，是大部分人都不願意看到上司斥責部屬，不願看到自己的同事被責罵。當然，有的人會幸災樂禍，但大部分的人是會站在這個被責罵者一邊的。

不注意場合隨意批評人的領導者，不僅會傷了部下的面子和自尊心，也會壞了自己的形象和威信。

有的人喜歡在衆人面前斥責下屬，並不是因爲出於氣憤，而是想經由這種方式向上級、客戶或其他部屬表明這不是他的錯，而是某個下屬辦事不力造成的。

事實上，這種做法是相當幼稚的。

一是，你既然身爲一個部門的領導，就得對這個部門的所有事務負起責任。如果你一味強調自己不知情、沒有錯，只會使你在掩飾的同時，暴露出你的另一面缺失，那就是你管理不力，或由你所主持制定的管理規則不健全。

更重要的是，你的這種推卸責任的行爲，會讓其他的部屬看了心寒，他們會覺得你是一個自私、狹隘、沒有器量的上司。

二是，如果一出了問題，你就把責任往下屬身上推，拿下屬做擋箭牌、替死鬼，那麼，毫無疑問的，這個下屬從此就有可能對任何工作都不再熱心。

而且，他的心裡或許還會想：「好啊，這次你拿我當替死鬼，那我們就騎驢看唱本——走著瞧吧！」

更要命的是，如果你的部屬是一個急性子或脾氣暴躁的人，也許當場就和你針鋒相對，大吵起來。

這時，他也許會把你一些見不得人的黑幕給抖出來，然後揚長而去，當著那麼多旁觀者，誰的處境最尷尬？

最終還不是你丟了自己的面子？

在發生問題的時候，即使你確定是下屬犯的錯誤，也應該把他喊到辦公室，在沒有第三者的情況下進行批評。

厚黑智典

在別人的藐視中獲得成功，是一件了不起的事，因為這不但戰勝了別人，也戰勝了自己。

——法國作家蒙特藍

別用「監視」來樹立自己的領導權

不能把制度性的監督與用人多疑的「監視」劃上等號，要知道，只有監督約束制度得以嚴格執行，才能保障一個領導者用人不疑，疑人不用。

太平天國定都南京以後，天王洪秀全就驕矜自滿起來，不思進取，整天耽溺於酒色嬉樂之中。

在他的影響下，太平天國內部也發生了爭權奪位的現象，以東王楊秀清爲首的一批人，甚至滋生出圖謀奪取最高統治權的野心。最後才在洪秀全努力團結部屬、軍民上下一致的情況下，把這個陰謀粉碎了。

後來，爲了重新突破清廷政府的軍事包圍，洪秀全大膽地啓用了李秀成、陳玉成等一批年輕有爲的將領，很快，太平天國又散發出太陽一般的光輝，流失的戰鬥力量也迅速地恢復。

但就在這個時候，天王洪秀全卻因爲楊秀清事件，而對於任何人都失去了信心，於是，藉口派他兩個無能的哥哥去協助李秀成和陳玉成管理事務，實際上卻是對他們軍權和行動進行監視。由於他們完全不懂軍事，而又好瞎指揮，結果，把整個剛有起色的局面又搞得一團糟。

在這種情況下，李秀成、陳玉成這兩個年輕的將領不禁心灰意冷了，認爲天王洪秀全既然不信任自己，那麼他們也沒必要再爲他拼死拼活，太平天國因此而一蹶不振，最後難逃覆滅的命運。

再如，有一個生產手機的小企業，原是某著名手機品牌的代理商，後來見到市場的手機需求量很大，便投資建了一個百多人的小廠。廠長、人事經理、生產部主管、採購主管等，都是由當年一同打天下的親戚、朋友們擔任。

但是，工廠運作了一段時間之後虧損相當嚴重，老闆左思右想，覺得是人才方面出了問題，於是，決定在人才市場上進行招聘。

果然，這家企業很快地就走出了低谷。但令人非常遺憾的是，老闆頂不住那些親戚朋友的壓力，並沒有把原先的人馬全撤換掉。面對新舊兩路人馬，老闆竟想利用「老人」監視「新人」，又利用「新人」監視「老人」，於是新舊兩路人馬為了爭取老闆的信任，都充當老闆的「員警」。

老闆沾沾自喜，以為所有的人都在他的掌控之中，卻沒想到，這樣做的最終結果是，企業陷入癱瘓的絕境。

因此，一個明智的領導者一旦把一件任務交給下屬後，就不要再疑神疑鬼，也不要對過程和具體方法進行干涉，更不要經常偷偷地派人在部屬身邊進行「蹲點」，搞「小報告」。

因為，一旦你的下屬知道後，他們就會對你產生極大的反感和厭惡，認為你原來是這樣的一個小人。

結果是，你不得不親自出面來安撫這些下屬，平息他們的怒火。

正確的做法是，你可以光明正大地到他們中間去走走，關心他們，幫助他們解決棘手的困難，他們也就會樂意地把情況和進展向你彙報。

必須注意的是，我們說「用人不疑」，必須以「疑人不用」為前提。所以，你不能把重要任務交給未通過「信任度」考驗的下屬；一旦你決定將任務交給可信之人，就不要疑神疑鬼了。

任何一家公司，凡是涉及鉅額現金及財務帳目等事務，領導者一定要交給自己所認定的「可信之人」，並且，得有一套嚴密的制度來制約他們的行為。

我們不能把制度性的監督與用人多疑的「監視」劃上等號，要知道，只有監督約束制度得以嚴格執行，才能保障一個領導者用人不疑，疑人不用。

厚黑智典

成功法則其實很簡單，只要在正確的時間，用正確的方法，做正確的事即可。

——格拉梭

寬容敵人是有利的感情投資

為了一己之利，不用具有真才實學的人，而用那些阿諛獻媚之輩。像這種只會玩弄權術的領導者，想幹一番轟轟烈烈的事業，是萬萬不可能的。

一般來說，一個成功的人物總是把自己的志業放在第一位，只要有利於本身事業發展的，都願意去做。因此，在日常生活中，即使碰到了昔日與自己有過間隙的仇人，也不會盲目地爲洩一時之忿而去報復。

相反的，如果這位昔日的仇人是個人才，他還會積極加以網羅，根據他的長處委以重任。因爲他知道，對仇人的寬容，其實是一種非常有利的感情投資，它能使他產生一種強烈的報答心理，因爲人總是有感情的。而且，他還會比一般人更積極努力，以此來回報主人的寬宏與大量。

中國歷史上有許多類似的事情，例如，春秋五霸之首的齊桓公，曾在趕回齊國即位途中，差點被競爭對手公子糾的謀臣管仲用箭射死。

後來，他歷經磨難最終回到齊國當了國王，此時，管仲已逃到了魯國。按照常理，齊桓公不派人追殺他已是夠肚量的了，但是，齊桓公卻拋棄前嫌，派一名重要官吏去魯國把管仲接回來，並下令清掃宗廟，大擺宴席，以迎接他的歸來。管仲歸國不久，齊桓公又拜他爲相國，位列九卿之上。

果然，管仲爲齊桓公對自己的態度而感動萬分，發誓報答他的恩情，在管仲輔佐和治理下，很快的，齊桓公由一個中小國家的君主，搖身變爲「春秋五霸」之首。

另外，中國歷史上還有一個非常有名的「舉才不避私，薦能不避仇」故事。解狐向趙國國王趙簡子推薦他的仇人擔任相國這一重要職位，他的仇人以爲這是解狐爲了拋棄私怨才這樣做，因而心存感激前往拜見。解狐卻對他說：「我推薦你是出於公，是因爲你有能力能勝任這個職務，而並不是爲了了卻我們之間的私怨，我不會因爲私仇而壞了公事。」

此外，解狐還推薦昔日的仇人邢伯柳擔當上黨郡守這一重要職務，邢伯柳前往感謝。解狐也對邢伯柳說：「我舉推薦你，是出於公；仇恨你，是我的私事，我不會因爲舉推薦了你，就不再計較私怨。」

這是歷史上著名的公私分明的例子，也是古代人才理論的典範。解狐沒有因爲他人和自己有私仇，就扼殺和埋葬別人的才幹及前途，這是何等開闊的胸襟？

因此，領導者用人之大忌是：用人的出發點不是爲「公」，而是爲「私」，爲了一己之利，寧可犧牲集體和下屬的利益；爲了一己之利，不用具有眞才實學的人，而用那些阿諛獻媚之輩。像這種只會玩弄權術的領導者，想幹一番轟轟烈烈的事業，是萬萬不可能的。

厚黑智典

很多被認為荒謬舉止的背後，其實都隱藏著明智而且有力的動機。

——法國作家拉勞士福古

你敢用和自己不同見解的人嗎？

反對者的意見往往能彌補你的不足和缺陷，能察你所未能察，想你所未能想。敞開心胸任用他們，又有什麼不好呢？

有一個小故事說，一個老師問學生：「我手中有一個蘋果，你手中也有一個蘋果，現在我們來交換，那麼每個人有幾個蘋果？」

學生答：「還是一個。」

老師繼續問：「如果你腦中有一個思想，我腦中也有一個思想，交換之後，每人有幾個思想呢？」

學生思索後回答：「兩個。」

的確，拿一個蘋果與人交換，你仍然只一個蘋果，然而，如果你懂得拿一個思想與人交換，你卻有了兩個思想。

這個故事本身或許很平淡，卻蘊含著深刻的道理，它強調人應該時時和別人交換看法，因為這對彼此都是有利的，不但可以豐富自己的見識、思考模式，甚至還可以修正自己的錯誤。

一個人能力再強，學識再淵博，總會有不足之處，而自己往往又很難發覺得到，這就有賴於有不同的意見和看法來補充、修正。

但現實生活中，有些領導者卻不這樣認為，反而覺得別人，尤其是自己的部下提出不同的意見，是目中無人、不服從領導的表現。其實，有這種不成熟想法的人，才眞是大錯特錯。

大家也許聽過「派克鋼筆」這個品牌，它曾經是一種很有名氣的高級鋼筆，由美國一家鋼筆廠生產。但在創立這個品牌之前，這家公司曾走過一段冤枉路。

當時，老闆決定走低價鋼筆路線，但遭到了一些人反對，因為他們覺得鋼筆是耐用品，又是人們的隨身之物，消費者樂意多花一點錢來買好鋼筆。

但老闆卻沒採納這些不同的意見，結果，當產品進入市場時，果然銷售不佳。

最後，老闆無奈之餘，只好又把以前反對的人請回來，重新設計和定位全新的高級產品，命名為「派克」鋼筆，投入市場後，終於創下傲人的銷售業績。

由此可見，敢不敢用和自己不同見解的人，不僅反映領導者的心態、胸襟，更重要的是，它對領導者的事業興衰關係重大。

反對者的意見往往能彌補你的不足和缺陷，能察你所未能察，想你所未能想。敞開心胸任用他們，又有什麼不好呢？

厚黑智典

一個新的想法是非常脆弱的，它可能被一聲嗤笑或一個哈欠扼殺。

——美國作家布萊爾

設法加強部屬的敬業精神

領導人應該教導部屬的基本概念是：假若我們每一個人都能在工作上兢兢業業，並能做到把敬業變成習慣，那麼，不但個人受益，整個的社會也會受益。

報紙上曾經刊載過一位企業經理人的感慨，事實上，這也是大多數企業所面臨到的難題。

他發牢騷說，現在的年輕人根本沒有敬業精神，工作的時候漫不經心，犯了錯不能說，多批評兩句便一甩頭走人……

他埋怨說：「現今時代，肯虛心學習、苦幹實幹並且認眞負責的人，實在是太少了。」他還憂心忡忡地說：「再這樣下去，我們這個社會怎麼前進？」

我們的社會的確有值得擔憂的一面——敬業精神不夠。

領導人應該教導部屬的基本概念是：假若我們每一個人都能在工作上兢兢業業，並能做到把敬業變成習慣，那麼，不但個人受益，整個的社會也會受益。

所謂「敬業」，就是敬重自己的工作。

對待工作，一般來說會有兩種心理特徵。

一種是低層次的心理，即消極性的「拿人錢財，替人消災」，也就是工作只是爲了對雇主有所交代。

還有一種是高層次的積極心理，即把工作當成自己分內的事情，甚至從內心產生一種使命感和優越感。

不管是哪個層次的心理狀態，「敬業」所表現出來的就是認眞負責。認眞做事，一絲不苟，並且有始有終。

一般人到社會上做事，都是爲了雇主而做，並且認爲這是很正常的道理，「你出錢，我出力」是天經地義的事。

不過，有些人則不這樣想，工作之時只要能混就混，能夠偷懶就偷懶，心想反正公司倒了又不用我負責。

然而，事實上，這種心態對個人來說並沒有什麼好處。

領導人必須明確告訴部屬：「敬業」二字從根本上來說，其實是爲了自己。因爲，凡是敬業的人都能從工作中學到比別人更多的知識和經驗，而這些知識和經驗便是通向成功的階梯，就算以後改行，自己所累積的工作經驗也必然會爲自己帶來益處。因此，把敬業變爲自己習慣的人，從事任何職業都容易成功。

厚黑智典

我從來不把安逸和快樂看作生活的本身——這種理論基礎，我叫它豬欄的理想。

——愛因斯坦

別讓部屬的靠山成為你的障礙

沒有能力卻又依仗靠山的下屬，倘使你過分地遷就他們的話，其他的下屬就會喪失對你的信任和好感。但是，你不給他一定程度的職務，又擔心會惹惱他的靠山，以後的日子就不好過了。

身為一個領導者，千萬不要刻意去討好有後台的部屬，但也不要表現出不屑一顧的模樣，如此才能駕馭他們。

假若你是一家公司的部門主管，而偏偏你的手下之中，又有一位上頭有靠山的下屬，譬如說，他的某一位親友是你的頂頭上司，或者他的家人在某某重要政府部門工作，那麼，你該怎麼使用這種人呢？

首先，我們必須理解，許多有後台的下屬，本身可能有眞才實學，並不一定是靠攀關係、走後門進來的。

碰到這種有靠山又有能力的下屬，就是你的福氣了，你完全可以借助他的關係和能力來幫自己做好工作。你應該注意的，只是如何使用和提拔他，給他安排一個重要的職位，放手讓他去幹，同時和他保持密切的聯繫，如果他做出了一番成績，對誰都有好處。

但要留意的是，千萬不要當著其他下屬的面，跟他過於親切，也不要有那種討好他的表現，否則你會讓人瞧不起。

最怕的是那些沒有能力卻又依仗靠山的下屬，倘使你過分地遷就他們的話，其他的下屬就會喪失對你的信任和好感。但是，你不給他一定程度的職務，又擔心會惹惱他的靠山，以後的日子就不好過了。

因此，你要盡可能不與他爲敵，但也不能在衆人面前討好他。你萬萬不能在上班時或在公司裡和他套交情，當然，在私下場合「關懷」他一下是有必要的，否則他一定會設法破壞你的好事。

這種有後台而又沒有眞才實學的人，如果想擔任某種職務，你不妨滿足他，職務可以高些，但不要給他具體權力，讓他多半閑著，或任他出差遊山玩水，這樣總比讓他待在公司裡把事情做糟要好得多。

此外，你還要經常強調他做的事情有多麼重要，使他覺得自己受到重用，而不覺得你安排的是個可有可無的虛職，這樣他才不會找機會報復，或是有事沒事就來扯你的後腿。

厚黑智典

沒有行動的信念不是信念，它只能是一種自負，信念只有在積極行動之中才能夠生存。

——法國哲學家安格爾

用人應只用他的寶貴優點

有一種人像埋頭苦幹的老牛，做事有很強的原則性，但靈活性不夠，有事就做，根本不分輕重緩急，也不會考慮如何把工作做得更快捷，更有效率。

世界上沒有無用的人，只有不會用人的人。

在一個公司或團體中，有些人的想法如天馬行空，什麼事都想搞一點新花樣，當然，也有一些人天生就缺乏創意，一言一行都中規中矩，上司下達什麼命令，他就完成什麼動作。

這種中規中矩的人往往沒有突出的貢獻，對新事物、新觀點的反應也較慢，凡事都愛找過去的經驗來做依據，做事的方法很死板，只知遵守舊有的規則制度，不知道靈活運用。

對於這種人，你要在看到他們缺點的同時，也看到他們的寶貴優點。

雖然這種人缺乏遠見，潛力不大，不足以委以開創性比較強的工作和職位，但是，他們有一個共同的特長，就是做事認眞負責，容易管理、差遣，也不會擅自改變你的規劃，不會犯下什麼重大錯誤。

因此，你應該把一些比較瑣碎的事交給他們去辦，通常他們會按照你的指示去做，而且做得很好。

另外，有一種人像埋頭苦幹的老牛，雖然他們在工作上非常地勤奮，能一絲不苟地執行上級交給的任務，有很強的責任心，可是在速度和效率上卻是出奇的慢，慢得叫人難以忍受。

此外，他們做事有很強的原則性，但靈活性不夠，有事就做，根本不分輕重緩急，也不會考慮如何把工作做得更快捷，更有效率。

那麼，你該怎麼對待這種人呢？

自然，不同的領導者有不同的看法，但一般而言，大部分的領導還是會善待他們，只不過不會給以重任。

因爲，他們畢竟沒有功勞也有苦勞，他們工作時兢兢業業的態度，本身就是一種值得認可的精神，即使他們對自己的貢獻並不大，但是在物質上、精神上仍應給以適當的獎勵。

一般來說，你沒有必要提升他們，頂多替他們安排一些管雜事的小職務，他們是絕對不能獨當一面的，給他們安置一些繁瑣但又無關緊要的工作就行。

厚黑智典

只懂得墨守成規的人，不可能在商業界獲得任何實質而且持久的成功。

——石油大亨保羅·蓋提

打一巴掌之後，記得給一顆糖

在言語上，你應該巧妙地讓下屬感覺到你的關懷，使他不對你記恨，而是把你的批評看作為一種激勵、一種鞭策。

只知一味斥責下屬而不懂安撫的人，是不合格的領導者。眞正優秀的領導者，在痛斥部屬之後，總會不忘讓他消消氣，補上一兩句安慰或鼓勵的話。就像父母打小孩，小孩號啕大哭之後，父母就會給他一兩顆花花綠綠的糖果或點心，這就叫「打一巴掌還要揉三揉」。

做領導人也應該這樣，因爲，任何下屬在遭受頂頭上司批評後，心中都不好受，有時甚至會想，他是不是對我有什麼成見了。在這種情況下，你若能適時地鼓勵和寬慰，那麼下屬就會很快振作起來。

譬如，你可以在批評他的當天晚上打電話給他，跟他好好的聊聊，讓他寬寬心，那麼他不僅會體諒你，而且，你主動打電話，他也會覺得很有面子而感激你。

或者，你還可以私底下對和他關係密切的部屬說：「我是看他有前途、能夠進步的那種人，所以才批評他，雖然方式不太好，但出發點是爲了他好啊！」

若那個人把你的話轉達給被批評者，他就會恍然大悟：「原來，他是爲了我好啊，看來，我錯怪他了。」

當然，在言語上，你應該巧妙地讓下屬感覺到你的關懷，使他不對你記恨，而是把你的批評看作爲一種激勵、一種鞭策。

如果他仍然對你心存疑慮，這時，你就應該在工作上繼續表現出對他的信任來，使他感覺到你的批評的確是在幫助他，而不是他所想像的那樣是在整他。

這樣一來，他的疑慮就會逐漸消失，對你的信任也就會慢慢增強。

要切記的是，你是在安撫和寬慰你的下屬，而不是在向他求饒，如果你表現過了頭，讓你的下屬感覺到你是在向他求饒，這可就變成最大的失敗了。它不僅無助於你在下屬心中樹立威信，反而會使他覺得你很好對付。

因此，你在安撫下屬的時候，有兩個要特別注意的地方。

一是不必當面向下屬解釋爲什麼斥責他，只要你確定錯誤的確是他犯的，你批評他，他自然就會明白。特別是不能隨便向他道歉，除非你的批評完全搞錯了對象。

二是，不要反覆幾次地對他進行安撫，一次、二次，下屬還會感動，次數多了，他就會覺得好笑，覺得你一點魄力也沒有。

厚黑智典

所謂的勝利者，往往就是從堅持最後的五分鐘的時間得到成功。

——牛頓

容許犯錯才可能成功

允許下屬們犯錯誤，既是體現了管理者對他們的寬容和鼓勵，也是幫助下屬們走向成功的必經途徑。

給下屬表現的機會，往往也就是給自己更上層樓的機會。

美國海因茨公司有一家專門經營冷凍食品的子公司，爲了鼓勵員工在研究工作中樂於承擔風險，採取了一項頗令人驚奇的新做法。

這家公司首先很詳細地規定了什麼是「完美的失敗」，每次發生這種「完美的失敗」時，都要鳴炮以示慶祝。

當然，這種做法可不可取是見仁見智的問題，但是，該公司對待錯誤的態度卻可以當作借鏡。

因爲，只有允許犯錯誤，才可能成功，在每一項新技術成功的背後，都有著多次的失敗。例如，大家熟知的化學物品「六〇六」，就是在失敗了六〇五次後才獲得成功的。

如果只允許員工成功，而不許失敗，在某些特定的情況下，一次或二次還行，次數多了，恐怕連再好的下屬或員工也會受不了。

因此，允許下屬們犯錯誤，既是體現了管理者對他們的寬容和鼓勵，也是幫助下屬們走向成功的必經途徑。

許多領導者在管理中最容易犯的一個毛病是：對於下屬所犯的錯誤，只懂得指出或批評，而卻不願幫助他們糾正。

事實上，這種方法是非常有害的，它切斷了上、下級間的有效的溝通，對企業將產生不良後果。

眞正高明的領導在下屬犯了錯誤後，會幫他們分析問題的癥結，以免再犯相同的錯誤。在從事一些特別任務，如進行技術創新時更應該如此。

像美國的3M公司、普林公司和壯生公司，他們的技術創新都由一個獨立的部門負責。在研製一項新技術的過程中，需要花費大量的人力、物力，甚至於到最後還有可能失敗和放棄。

但是，無論結果如何，這些試驗人員不承擔風險，即使失敗了，他們仍然可以回原來崗位上班，享受原有的待遇，除了對以前的試驗做必要的分析、總結外，不受任何行政和薪資上的處罰。

厚黑智典

人類真正的差別就在腦力，具備超人的腦力加上無法撼動的決心，造就一個人的成功。

——投資理財專家L·科比爾

自以為是的主管不能用

部門主管要有輔佐領導者開拓最得意領域的能力。作為領導者的助手，要有彌補領導者短處的長處，或有時候要代理領導者處理某方面的重大問題。

部門主管是一個領導者最得力的助手，也是最關鍵性的副手，素質的好壞直接關係到整個事業的興衰，因此在選用的時候，不得不特別加以考量和關注。

部門主管相對員工來說，是直接的領導者，但對上司來說，他們又是下屬和助手。對於這種特殊的角色，在聘用他們時，必須進行綜合性的考量和慎重的權衡。

無論是什麼類型的公司，部門主管與上司、下屬之間能不能保持和諧的人際關係，是很重要的。

部門主管要成爲領導者得力的助手，首先必須與領導者性格相投。部門主管要能夠理解領導者的情緒變化，不要有過多的被人使喚或命令的怨氣，更不能認爲自己在一人之下，萬人之上，而在下屬面前擺譜，顯示自己不可一世，或是在單位內部搞派系，不把領導者放在眼裡，甚至想架空領導者。

主管確實應有一定的權力，但不能以爲自己能做到的事情就不需向領導者報告。其次，部門主管要有輔佐領導者開拓最得意領域的能力。作爲領導者的助手，要有彌補領導者短處的長處，或有時候要代理領導者處理某方面的重大問題。所以在選用部門主管的時候，最好選擇能發揮自己長處的人。

此外，主管提升員工時，不能憑個人的感情用事。否則，就這樣一來，不僅浪費了人才，還使一些性格不合主管意願而有眞才實學的人離去。

厚黑智典

自認從不做蠢事的人，其實並不如自己所想像的那麼聰明。

——拉勞士福古

3
PART

沒有誠實的狐狸，也沒有吃素的老虎

緬甸有句諺語說：「世上沒有誠實的狐狸，也沒有吃素的老虎。」在這個誰也不肯承認自己有錯的都市叢林中，你必須隨時提醒自己，千萬別去踩到別人的痛處。

用肯定的方式說出否定字眼

說話的最高藝術並不在於你說了什麼，而在於你怎麼說，解決的辦法是把一些否定字眼，用肯定的方式說出來。

石坂泰山先生是大阪萬國博覽會的會長，他認爲政府撥給博覽會的預算太少，許多工作都無法展開。

當時擔任首相的佐藤榮作，前往萬國博覽會視察時，石坂向他報告說：「我將盡力用首相撥下的預算，完成博覽會的籌備工作。但是，這恐怕會讓日本在世界上丟臉……」

就因爲石坂這句話，博覽會立刻爭取到了高額的預算。

當你需要對方接受你提出的要求時，最好先表示同意，然後再用「但是……」

提出反駁意見。

這種「石坂式交涉法」，與個性高傲的人討還價時相當有效。

因爲，個性高傲的人有種強烈的優越感，認爲自己是世界上最優秀的人，與人交涉時，常常想用高傲的姿態壓倒對方。所以，和這種人談判時，如果直接說「不」否定對方意見，很容易收到負面效果。

他們做事時，往往欠缺精確度，在他們趾高氣揚的發表意見時，若是發現這一點的話，最好仍然保持安靜的聆聽態度。

一旦發現話中有謬誤，可以引經據典的告知：「然而，有些情況卻是……」，如此一來主動權就會回到自己手中。

這就是不說「不」，卻能收到「不」的效果的方法。

在談判過程中，儘管努力調和不同觀點和個性，達到雙方滿意的結果，但是由於言語上的衝動，爆發人身攻擊的情況，還是時有耳聞的。

如果你受到挑釁，而不得不採取強硬態度回擊時，應當注意分寸，不要因爲對方的無禮，而失去自我控制。

談判過程中應該如何駁回對方論點，而不採全盤否定的方式，是這個領域裡普遍存在的問題。

如果無意中措辭不當，很可能會在駁回對方論點時，刺痛了對方的敏感部位。

其實，說話的最高藝術並不在於你說了什麼，而在於你怎麼說，解決的辦法是把一些否定的字眼，改用肯定的方式說出來——即「石坂式交涉法」。

例如，把「你錯了。」改說：「對，但是……」

把「我完全不同意你的話。」改說成：「我基本上同意您所說的，可是……」

把「你的報價簡直是對我們的侮辱！」改說成：「我覺得您的報價不甚合理，假如能……那我們現在即可成交。」

把「我一點兒也不能同意你的論點。」改說成：「我不是不認同你的看法，只不過……」

把「這麼做太糟，應當……」改說成：「我們可以再研究研究，以我個人來說，我看這是可行的，只須……就可以了。」

把「這簡直太可笑了。」改說成：「這想法妙極了，但我覺得若是再……那將會更好。」

具體進行反駁時，用語不一定與上述例子一模一樣，但用肯定語氣表示否定意思，比較容易使對手聽起來順耳，不會引起感情上的衝突，因爲那樣對雙方都不利，只會使達成協議的距離越來越遠。

說話上的變通花招無窮無盡，就看各人的口才，以及如何靈活運用。

厚黑智典

無形的東西——信心和態度，才是成功的決定性因素，因此，你必須先學會控制這些東西。

——航空公司執行長赫伯．凱萊爾

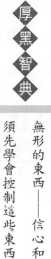

製造假訊息讓對手深信不疑

談判中嚴防訊息洩漏是談判者的常識，但在某種必要的情況下，可以間接把自己談判立場的細節等，悄悄的、裝作不經意的洩漏出去，以達到己方需要的某種目的。

《三國演義》中有段精采的「蔣幹盜書」情節：曹操將水師屯於江北，隨時準備揮師渡江南下。爲了探查軍情，他便派周瑜的同學蔣幹前去東吳察看動靜，周瑜則趁機施展反間計。

當時，東吳情勢危急，由於北兵不習水戰，東吳唯一的致勝之道便是「火攻」，但曹操用了張允、蔡瑁兩個有能耐的水軍都督，絕不會笨到將船一隻隻連著鎖在一起，以便己方火攻。

周瑜正在爲此事著急之時，忽聞同窗蔣幹來訪，心中懸著的巨石終於落地。

周瑜與蔣幹相見，少不得痛飲一番，以敘同窗之誼。不久，周瑜假裝不勝酒力醉臥床帳之內，呼聲大作。

蔣幹受曹操之命到東來吳探視虛實，自以爲已經把周瑜灌醉，可以暗中進行調查了。夜晚萬籟俱寂，蔣幹悄悄地摸進老同學周瑜帳內竊取軍情。他見周瑜醉臥不醒，就把置放在桌上的一封書信，偷回自己房中細看。

不看則已，一看不由得驚出一身冷汗，原來竟是張允、蔡瑁私通周瑜的書信。

由於事情緊急，他便趕緊過江覆命。

曹操看了書信後勃然大怒，頓時心生殺機，當即命人將新任水軍都督張允、蔡瑁捉來轅門斬首。

消息傳到周瑜耳裡，自然欣喜若狂。

曹操仰賴兩位新任水兵都督進攻江南，東吳水師兵微將寡，自然不敵。

周瑜於是乘蔣幹來訪之時，僞造曹操水兵都督請降書信，信中內容全是「帶兵降吳、共討曹賊」之類的反叛言語。他把僞造的秘密書信故意擱在桌上，然後裝睡讓蔣幹去偷。

曹操見是蔣幹竊來的書信，信以爲眞，再加上疑心病重，居然自己除去了周瑜的心頭之患。

類似「蔣幹盜書」的情節也可以巧妙地運用在商業領域。談判中嚴防訊息洩漏是談判者的常識，但是，在某種必要的情況下，其實可以間接把自己談判立場的細節等，悄悄的、裝作不經意的洩漏出去，以達到己方需要的某種目的。

當然，你也可以在談判過程中，突然揭開自己的面紗，如果以私下談話的方式直接洩密，可以說：「這可是我們私底下這麼說，我們老闆有可能與N公司談判，而不是貴公司。」以此迫使對方降低需求，不過奏效與否，就看你是否能做得天衣無縫，讓對方信任。

另一招就如周瑜洩密一樣，對方渴望得到某方面的秘密，而且是在你「一時疏忽」之下得到，就會使對方視作珍寶，而你也最容易達到目的。

這一招靈不靈，還得看對手是否選擇採取窺探別人隱私的方法。

這一招的方法較多，例如爲了使對手認爲有其他競爭對象存在，可以把一本記載著競爭者姓名、電話號碼的本子，隨意擱在桌上，然後故意忘記帶走。記事本上還可以寫上其他競爭者的最低報價、自己的最高出價……等。

事情往往很奇怪，如果你直接告訴對方，他不一定會相信，如果任由對手偷偷摸摸地發現，反而會使他深信不疑。

所以，要製造假訊息，透過這種方式傳出去，效果會特別大。

厚黑智典

成功並非僅僅靠著篩選過往的灰燼而已，而是要儘快開發及耕作培育未來的肥沃土地。

——A．格拉梭

沒有誠實的狐狸，也沒有吃素的老虎

緬甸有句諺語說：「世上沒有誠實的狐狸，也沒有吃素的老虎。」在這個誰也不肯承認自己有錯的都市叢林中，你必須隨時提醒自己，千萬別去踩到別人的痛處。

人的性格類型可說千奇百怪。有的人不論對錯，老是要和別人唱反調；有的人雖不至於偏激，但總是固執地堅持自己的立場；有的人明明自己的意見行不通，卻偏偏不接受別人的任何建議。

也有人頑強地認定只有自己的做法和想法，才是天底下最正確的方法。當然，也有人老是掩藏自己心底的企圖，卻喜歡試探對方的心意；有的人則缺乏主見唯唯諾諾，迎合別人的意思。

想在生活或工作中持盈保泰，必須先研究週遭人物的個性，找出對方的「逆鱗」

長在什麼位置，以免有所冒犯。

「啊，要是當時不說那句話就好了！」

像這樣事後才懊惱不已的人，大都是說話或做事之時，無視對方的「逆鱗」存在所引起的。

人類共同的心理，就是極端厭惡自己的行爲、想法被他人誤解，永遠期望別人對自己有最正面的評價，而且討厭別人在人前人後批評自己，但是卻常常無意中批評他人而不自知。

「我們公司的經理眞是懦弱！雖然他一副謙虛的模樣，常接受旁人的批評，但我就是對他沒有好感。」

如果和你談話的對象，正好是經理的心腹或交情不錯的同事，那後果將不堪設想。在現代社會裡與人相處，必須謹言愼行，千萬不要逞一時之快，像這一類失言的後果，不是被上司叫去訓斥一番，就是遭到「發配邊疆」的命運。

緬甸有句諺語說：「世上沒有誠實的狐狸，也沒有吃素的老虎。」

在這個誰也不肯承認自己有錯的都市叢林中，你必須隨時提醒自己，千萬別去踩到別人的痛處。

尤其是當對方是一頭容易發怒的「老虎」時，更別傻到去亂拍牠的屁股，讓自己白白成爲別人餐後的點心。

厚黑智典

大部分的人都知道，成功沒有運氣可言，但是要找到幾個不相信運氣的人卻很困難。

——海淪．羅蘭

用一隻老鼠扳倒一頭大象

如果你能瞭解自己所用的人「優點」在哪裡，然後，再充分利用，那麼就算你用的是一隻「老鼠」，照樣可以扳倒一頭「大象」。

在現實生活中，有些人在某一個領域沒有任何經驗、資歷可言，可以說是一張白紙，但是，只要他身上擁有某種寶貴的特質，那麼，這種人同樣值得珍惜。

譬如，二次大戰後，松下幸之助接受了重建日本勝利公司的委託，在由誰來擔任公司總經理的問題上，他卻出人意料地選擇了和商業一點都沾不上邊的海軍上將野村吉三郎。

當時，野村吉三郎對於生意、買賣根本一竅不通，對於勝利公司所從事的留聲機、收音機、唱片、音樂業等更是一張白紙。

某次董事會上，當董事們討論到日本的一首有名歌曲〈雲雀〉時，野村卻問：「它是誰的作品啊？」引來許多人的嘲笑。因此，很多人都認爲松下幸之助老眼昏花，選了這麼一個外行人來管理內行人。

但松下幸之助卻堅持己見，並反覆向董事們解釋：「我要的是一個懂管理、會用人的人，而不是一個音樂家。他不知道〈雲雀〉固然不好，但這對於他的總經理職務又有多大妨礙呢？」

後來的事實證明，松下幸之助的看法非常正確，勝利公司終於在野村吉三郎努力下重建成功。

這個例子說明，用人要看他的長處，即使他有某些不足的地方，但只要對工作不會造成妨礙，照樣可以使用。

美國聞名的實業家凱特林挑選繼任人選時，從最得力的六位助手中挑選了被認爲腦筋最差的一位——艾伏塔。許多人不明白凱特林爲何如此選擇，因爲從聰明才幹的角度來比較，艾伏塔比另外五位都要差。

但是，大家都忽略了，艾伏塔有一個其他五人所沒有的優點，就是時常提出意見，很愛創新，腦子裡始終有一股要做得更好的意念。因此，凱特林提拔了他，並讓他擔當大任。

凱特林說：「我的公司不歡迎自命不凡的聰明人。聰明人往往認為自己懂得很多，因此會被封閉在高人一等的圈子裡，不願與他人交流，無法突破以往的經驗和缺乏彈性的想法，不肯再前進。」

阿基米德曾經說過：「只要給我一個『支點』，我就可以撬起整個地球。」

其實，任何事情，只要找到「關鍵點」，再怎麼困難的問題，也會迎刃而解，用人也是相同的道理，如果你能瞭解自己所用的人「優點」在哪裡，然後，再充分利用，那麼就算你用的是一隻「老鼠」，照樣可以扳倒一頭「大象」。

厚黑智典

讓聰明絕頂的人來管事，經常導致不幸，因為他們對於凡夫俗子的期待太高。

——希臘歷史學家修西底斯

適時洩漏自己的弱點

凡事都要先試試，在閒談中適度地把心中的煩悶傾吐出來，請求他人幫助解決，難說不是解決問題的大好契機。

在工作中，無可避免地必須常常與人商談業務或約會應酬，一般人總是想從外表、長相去判斷對方，或是從社會地位、職業去衡量一個人，而不願輕易把自己的煩惱或工作內容告訴別人。

有的人會因爲想要談論某件事情而和別人打交道，然而見面之後，或因爲不喜歡對方的外表，或不中意當時的氛圍，因此始終不願啓口。

有句俗話說：「人要相交，馬要試騎。」

你不開口，什麼事情都難以解決。與其事情還沒說就死心，倒不如抱著試試的態度，誠懇地將自己的困惱說出來，以求得對方的幫助，即使是被取笑也別在乎，說不定你的轉機就在此。這也是創造機會的明智之舉。

我們不難見到，有的人具有強烈的依賴性，無論是碰到煩惱的事或是無聊的事，都喜歡向他人傾訴。

這種人，雖不討人喜歡，但是，如此一來，既可以消除自己的焦躁感，說不定還能獲得對方的同情和幫助。

換句話說，這種人已經把他們的缺點轉變成了對自己有利的優點。

有時候，我們不難聽到別人這樣說：

「原來有這樣的事，你怎麼不早說？我是有辦法幫你辦到的。」

「眞不巧，你說晚了，貨剛被公司的人提走，以後再說吧。」

因此，當我們剛著手籌劃某件事情時，不妨一開始就把構想告訴你想要打交道的人，說不定這正是他所需要的建議，這一來，一個千載難逢的機會不就正好被你逮著了嗎？

「我們正在編列這項預算，你的建議眞是太好了！等我們討論後會立即將結果通知你。謝謝你的寶貴建議。」

假如你一開始就對這事情不抱希望，能收到這樣的效果嗎？

凡事都要先試試，在閒談中適度地把心中的煩悶傾吐出來，請求他人幫助解決，難說不是解決問題的大好契機。

厚黑智典

許多虛偽的人，往往用粗暴的言行來掩飾他們的平庸無能。

——巴爾札克

在辦公室裡應該怎樣「說話」？

談話既不可一副趾高氣揚的模樣，也不要過於親密，更不要用教訓的口氣滔滔不絕地說個不停，應該保持和藹有禮的態度。

辦公室裡的人際關係往往錯綜複雜，懂得怎樣應對進退，是建立良好人際關係的第一大要素。

辦公室裡的談話方式也是一門藝術。

首先，對年長的同事應當謙虛、服從。

年長的人生活經驗豐富，有很多值得年輕人學習的長處，但有時會過於保守謹慎。因此，與這些人交談時，即使你有不同看法，也不可採取不屑的態度，或口出狂言，應該給他們起碼的尊重。

如果在辦公室裡你是前輩，那麼，和年輕的同事談話時更應該拿捏分寸，保持穩重的態度。

因為年輕人容易衝動，又缺乏工作經驗，因此切記不要隨意附和，降低自己的身份。如果彼此有不同意見，只需讓他們知道自己的看法就行了，不必和他們激烈爭論，辯得臉紅脖子粗。

此外，要想獲得年輕人的尊重，絕不可以信口開河、誇大其詞，一旦被他們發現，自然而然的，對你的尊重和信任也將消失。

有些人一和地位高的人談話，自卑感就會顯露出來，使原本清晰的思路變得模糊混亂，講話支支吾吾。也有些人和職位高的人說話時大言不慚，而且滿臉不屑，缺乏最起碼的禮節與尊重。這些都是錯誤的。

與職位比自己高的同事說話，不管他是不是你的頂頭上司，都應當保持適度的禮貌，一則他的地位高於你，保持禮貌對你日後的工作會有所助益，若能從談話中知道一點公司的內幕，更將使你從中獲得某種機遇。再者，他必定有某些能力、知識、經驗、智慧值得你學習，尊重他也是應該的。

當然，尊重職位比你高的人，並非得做一隻應聲蟲不可，那樣的話，他會認爲你是一個唯唯諾諾、毫無主見的人，對你留下一個難成大器的印象。

與職位高的人談話，應該以他的談話爲主題，多聽話、少插嘴，並且做到集中精神。自己講話時，儘量不偏離主題，同時保持輕鬆自然的態度，坦白爽朗地說出自己的想法。

與地位低的同事談話也要掌握分寸，既不可一副趾高氣揚的模樣，也不要過於親密，更不要用教訓的口氣滔滔不絕地說個不停。應該保持和藹有禮的態度，對於他的工作成績加以肯定和讚美。

厚黑智典

智者說話是因為他們有話要說；至於愚人說話，則是因為他們想說而已。

——柏拉圖

別戴著有色眼鏡看人

過去的經歷當然要考察，但不能因過去的污點就將人才拒於門外。身為一個領導者，要有勇氣任用曾經犯過錯誤的人才。

如果你是一家公司的總裁，現在急需要一個擁有某方面專門知識的人才，但是經你側面瞭解，知道他過去曾經犯過錯誤，進過監獄，你敢不敢用他？

傑瑞是美國一家化學染料公司的總裁，有一次，公司爲了研發低成本化學染料，迫切需要一個懂得染色技術的專家。這時候，他意外地打聽到有個染色專家正賦閑家中，頗爲驚喜。然而，經過初步瞭解，卻發現這個人年輕時吸過毒，因爲缺乏毒資還攔路打劫，被關進了監獄，出來之後，便自暴自棄，整天喝酒澆愁。

這個人能不能使用呢？傑瑞陷入了矛盾之中，於是，他又繼續去瞭解這個名叫漢姆的染色專家，發現他出獄後有段時間表現很好，但公司的老闆總是對他不放心，幾乎每天都要到漢姆的更衣櫃，搜索他的外衣口袋，生怕他再染毒癮。漢姆發現後，自尊心受到極大侮辱，憤然辭職，這樣才染上酒癮的。

傑瑞知道全部經過後，決定聘用漢姆擔任公司技術部主管。

經過幾次登門拜訪，漢姆深受感動，從此痛改前非，埋頭於實驗室，終於研製出不脫色而且成本低廉的化學染料。

我們可以設想一下，如果一開始傑瑞先生就帶著有色眼鏡看人，因爲漢姆犯過罪就不雇用，那麼他開發不脫色化學染料的計劃，能否順利成功就很值得懷疑了。

過去的經歷當然要考察，但不能因過去的污點就將人才拒於門外。身爲一個領導者，要有勇氣任用曾經犯過錯誤的人才。

《史記》中，曾記載劉邦重用陳平的故事。

陳平年輕時，曾經在魏王門下當差，但沒有獲得重用，後來又到項羽手下做事，也因爲和項羽鬧翻不得不連夜逃亡，最後投效劉邦，擔任都尉的官職，成爲劉邦座駕的陪乘。

不過，在當時，陳平可說聲名狼藉，有一位重臣就向劉邦進諫說：「陳平是一個無行小人，在家時曾和兄嫂私通過，不得已而才離開家鄉。在魏、楚的軍營中也是窮困潦倒，不得不前來投奔，到了我們的軍營，受封官職，卻又居然接受某些官員的賄賂。」

劉邦聽後，卻哈哈大笑，對這位臣子說：「你有所不知，你剛才說的是有關陳平個人品德的事，但是，現在天下紛爭，我所需要的卻是有才能的人，單是品德高尚的人，對我軍是沒有用處的。」

劉邦沒有計較陳平品德上的過失，反而不斷晉升他的職位，最後官至宰相，對於鞏固漢朝江山有相當重大的貢獻。

厚黑智典

我們以往所瞭解的競爭滅亡了，但並不意味著競爭已經不存在，實際上，它比以往更加劇烈。

——管理學作家詹姆斯·摩爾

你敢不敢用別人眼中的「怪才」？

在他人看起來「不正常」的頭顱裡，往往蘊藏著極為重要和豐富的資源，而這必須要高明的領導者和有膽識的用人者，才能發現和重用。

日本權威經濟刊物——《日經商業》雜誌，每年列出的優秀企業排名榜上，本田汽車公司經常高居榜首。

本田公司的創始人本田宗一郎，才思敏捷，經營有方，四十歲時創辦本田公司，在選用人才方面頗有獨到的見解，偏愛招攬「不正常」的人。

這種奇特的用人方法，使得本田公司創業不到半個世紀，就成爲世界著名企業。

有一次，本田公司招考人才，應徵室外等了很多應聘者。幾乎所有的應徵者都神情緊張，許多人還不時背誦有關本田公司的概況介紹，或讀一些如何應聘的小冊子，還有人不斷拿出小鏡子看看自己的儀表，生怕給試主管不好的第一印象。唯有一個年輕人衣衫不整，還沾有油漬，歪歪斜斜地躺在樹下睡覺。

這時，正好本田宗一郎從招聘處走過，覺得十分有趣，便叫人力資源課課長先面試那個呼呼大睡的年輕人。

事後，課長向本田彙報，情況是：學歷不夠，儀表不佳，面試極不認眞，反而問起本田公司有沒有他喜歡做的工作，好像他是東京帝國大學的博士，其實他只是在家做過一些毫無結果的小實驗。

本田宗一郎聽了馬上叫道：「馬上錄用他！本公司有的是他感興趣的事情！我就喜歡怪才！」

後來，在美國汽車展上獲得大獎的本田全新車型，就是那個被視爲「怪才」的人設計的。

無獨有偶，一向以獨創技術馳名的新力公司，在這方面也和本田「英雄所見略同」。

幾年前，新力公司在倍數增長的電腦市場上，銷售業績遠遠落後於其他品牌，想要扭轉這種不利局面，就必須儘快開發出新產品。

按常規，如果讓科研部門研製新產品至少需要兩年時間，這在科技飛速發展的今天顯然太漫長了。該怎麼辦呢？

於是，新力公司領導階層果斷決定，在企業內進行公開招標，結果三位被認爲是「怪才」的員工入選了。儘管不少人反應，這三個人自尊心太強，歪點子太多，自命清高且不合群，但新力的領導階層還是放手讓他們「點兵」，組建實驗室，進行新產品的攻堅行動，課題、經費、設備一切自主決定。

結果只用了半年，印有「新力製造」的新型電腦就出現在市場上，不但性能高於同類產品，價格也十分低廉，很快地就攻佔了大半個市場，不僅爲新力公司賺足了利潤，也贏得了名聲。

爲什麼這些在國際上享有盛名的大公司，喜歡在用人上做出一些「不同凡響」的決策呢？

這是因爲，高明的領導者能打破既定的思維模式，獨具慧眼的發現人才的個性。

他們認爲，一個沒有獨特個性的人才，就不會思考和設計出獨具特色的產品，這些人個性執著，善於獨立思考，不拘泥於現有的格局，往往有創新之舉。

在他人看起來「不正常」的頭顱裡，往往蘊藏著極為重要和豐富的資源，而這必須要高明的領導者和有膽識的用人者，才能發現和重用。

想求人辦事，千萬要記住，如果沒有一些人的異想天開，今天這世上也許還沒有飛機、火箭和人造衛星。

厚黑智典

每個新主張開始之際，都不過是一個人的渺小觀點而已。

——蘇格蘭作家卡萊爾

別讓「雞犬」升了天

如果企業還滿足於以前「用人唯親」的家族管理模式，就不可能在市場經濟的條件下發展和擴大，也就不可能有日後的輝煌格局。

在現實生活中，有些領導人習慣「一人得道，雞犬升天」的用人模式，自己一做了官，全家都是官。這種情狀最常出現在一些家族企業中，領導者把自己的子女、親屬都安排在重要的工作崗位上，把整個企業變成了「家天下」。

這種按親疏關係來用人的模式，最大的危害和後果，是把眞正有能力、才幹的人排除在外，使得企業難以長遠發展。

領導者往往很容易把彼此間的私人親密關係帶到工作中來，當這些親戚在工作上犯了錯誤時，往往不自覺地加以庇護或縱容。

即使領導者能明辨是非，他的親屬也是有才幹的人，並做出了一些成績，但其他下屬往往不這麼看，大多數人會把這些人的成就，歸因於他們與領導者之間的特殊關係，從而影響其他下屬們的心情。

因此，一些有遠見卓識的領導往往盡力避開這個問題，在企業創辦招聘職員時，就提出「近親迴避」的原則。

事實證明，這樣做是非常明智的，雖然會得罪一部分人，卻能爲日後企業的管理打下了堅實的基礎。

這樣做，或許會被指責爲六親不認，但是經營者必須明白，即使親友中間有很稱職的人選，也會由於他們占去了有限的位置，而影響整個企業的進取心，那才是得不償失。

以前，家族企業莫不奉行「打虎親兄弟，上陣父子兵」的傳統理念，企業每有重大決策，都得兄弟姊妹、老婆娘舅點頭才行，完全是家庭型管理模式。然而，一經過市場競爭的洗禮，就會發現企業要逢勃發展，採家庭式管理是不行的。

企業的發展、企業規模的擴大，就像大海一樣，需要匯納百川，雖然血緣關係的向心力無可置疑，但也會在很大程度上阻礙了企業的正常管理。

唯有讓企業的骨幹站在最適當的位置，才能使傳統的家族型企業轉型，走上用才唯賢的道路。

如果企業還滿足於以前「用人唯親」的家族管理模式，不將企業管理從用「親」轉向用「賢」，就不可能在市場經濟的劇烈競爭下發展和擴大，也就不可能有日後的輝煌格局。

厚黑智典

對一個人來說，如果想要知道自己該向哪裡進攻，在哪裡據守，往哪裡撤退，別急著研究自己，必須先瞭解你的競爭對手。

——經濟學家戴維．斯托特

建立自己橫向聯繫的網絡

一個優秀的領導者不只是指揮部屬去做事，更重要的是，能夠創造出一個不削減眾人做事意願的場所，同時，還應集合各種不同的人才，激發他們獨特的想法。

本田汽車公司從只有十二個工人的小型工廠開始，只不過三十五年的時間，就急速發展成爲資本額四九〇億日幣，擁有三．三萬名員工的超大型汽車製造企業。

本田公司最令人吃驚的是，它以極爲獨特的想法，囊括了各式各樣的人才，爲公司創造出驚人的利潤。

本田公司和其他企業最大的不同在於，它的價值存在於人才輩出，而且擁有各種不同的個性。

一般的公司都是金字塔式的縱型組織，本田公司的創辦人本田宗一郎則說：「本田公司看起來就像火災現場，在這裡不論是誰，都必須能夠隨機應變，決定如何緊急取水或使用洋鐵桶等。」

本田宗一郎這番話，說明本田公司的組織架構和人際關係的網絡很相似。他們不是縱向的組織，而是全公司員工都能參加的開放性組織，是一種機動而且活潑的橫向聯繫組織。

其實，這樣的公司，才是最好的組織模式。

本田曾經推出一系列「不可思議的Civic」，這個車系，突破以往的常識，是具有劃時代意義的產品。

「不可思議的Civic」的設計者，從本田技術研究所中精挑細選出來，他們都是三十歲左右的年輕主任研究員。在開發這一系列產品的過程中，他們通力合作，既打破了禁忌，又締造了新的生產觀念。

本田販賣促進部主任井上鍵一說：「如果只等上級的指示，那麼，不管時間過多久，本田仍然是一事無成的公司。同樣的，如果不能很清楚的擁有自己的意志，則自我存在的意識就會變得淡薄。」

本田公司除了汽車部門及本田研究所表現優異外，其他各關係企業也都有各自獨特的提高業績能力。

本田的人才不論來自何處，都表現得非常卓越突出，因爲在這裡任職的人，都只重視才幹和能力，而不論背景、關係，這個事實可以從後來接任的幾位年輕社長的身上得到充分印證。

像本田公司這種橫向聯繫組織，年輕人能夠直接接觸重要的工作，無疑是培育人才的最好環境。

在這裡面的人必須能夠更自主地隨機應變，如果光是等待上級的指示，或是全體同仁都很客氣、拘謹的話，就不能互相激發潛能，成就一些創新的事。

本田公司的例子說明，不論是工作內容、構想以及方法，都只能靠自己提高。也就是說，「心裡想著自己是正確的」，才是凡事能夠貫徹到底的原因。

至於在一般的公司組織中，大部分成員都是由有領導能力的人來指揮，因此，大都心存「即使自己不動手，事情還是會有人做」的依賴心理，除非是因爲自己沒有去做而使集體遭受損失，他們才會心生警惕。

從積極的角度來說，一個優秀的領導者不只是指揮部屬去做事，更重要的是，能夠創造出一個不削減眾人做事意願的場所，同時，還應集合各種不同的人才，激發他們獨特的想法。

厚黑智典

只要你能持久地奮力爭取，充分利用有利的條件，最後，你就能夠達到目的。

——伊索

4
PART

不妨拍拍部屬的馬屁

在辦公室裡擺起架子對部下惡言斥喝，也不過是想要他好好辦事，其實要達到這種效用，有時還不如「虛情假意」地哄哄他。

抱怨，有時是部屬不滿的信號

先調查清楚他發牢騷的原因，如果是因為他有能力和才幹，卻受排擠或工作單位不適當，那麼就要給他合理的職務，讓他發揮才能，平息他的牢騷。

對待滿腹牢騷的人，只有兩個辦法，一是提拔他，不然就根本不理睬他。要下屬不發牢騷，幾乎是不可能的事，通常的情況是下屬發牢騷，領導者卻故意裝作沒聽見。

身爲領導人，若聽到下屬發牢騷，首先要問的是，他爲什麼發牢騷？先調查清楚他發牢騷的原因，如果是因爲他有能力和才幹，卻受排擠或工作單位不適當，那麼就要給他合理的職務，讓他發揮才能，平息他的牢騷。

施布林是一家大公司的一個小班長，手下管著十幾個人，雖然每次他都能準時把上級交付的工作完成，然而上級都不太喜歡他，甚至有點煩，但對他又無可奈何，因爲在工作上他表現得很優秀。

那又爲何這樣呢？

原來，每次上級部門交付他生產任務時，他總會抱怨：「我每個月就拿這麼一點點薪水，爲什麼老是要交給我這麼多任務？」

後來，這事被公司的總經理知道了，派人對施布林的工作進行詳細考察後，不僅沒有責備他，反而擢升他爲部門的經理。果然，他上任不久，就把這個原本效益不彰的部門，整頓得有條不紊，公司的利潤也增加許多。而且，他對於上級交代的任務也不再抱怨了。

我們不妨回過頭，設想一下這個故事的另一種結局。

假如公司的總經理不是給施布林更多的責任和更高的職務，而是對他的抱怨不予以理睬，甚至以開除或降級相威脅的話，那麼，公司失去的不只是一個有才能的人，而是一大批瞭解他的人。

因爲，施布林的抱怨，是建立在自己的才華不受到重用的基礎上，抱怨只是他不滿的信號，而並非他的缺點或本意。

像這樣的人，你只要重視了他，給他安排合理的職務，他的抱怨就會停止。

厚黑智典

當一個人的心意與語言不符時，就會用繁瑣的語言顧左右而言他，就像一隻慣放釋放墨汁藉以脫逃的章魚一樣。——喬治．歐威爾

不妨拍拍部屬的馬屁

在辦公室裡擺起架子對部下忠言斥喝，也不過是想要他好好辦事，其實要達到這種效用，有時還不如「虛情假意」地哄哄他。

許多人在公司裡，採取「捧上欺下」的策略，但從爲人處事的技巧看，這種做法實在是大錯特錯。

眞正聰明的人，會偶爾拍拍部下的馬屁。因爲他明白，拍上司馬屁固然重要，但對下屬也一樣要「哄一哄」。

大凡身居高位的人，習慣了被人拍馬屁，馬屁對他來說一點也不稀罕，要拍也得出奇招才行。

但是，如果你偶爾拍拍部下的馬屁，則極爲管用，一定一擊即中！

一般來說，部下和你的地位差距越大，馬屁便越管用。

當然，拍馬屁有許多方法，可軟拍也可硬拍。

身爲高層，偶爾哄一哄低階員工，這是做人的高段技巧。在你的心底裡，眞正的想法也許可和表面上紆尊降貴的友善相反，但無可否認的是，只要裝得有模有樣，這一招的效果將大得出乎你的意料之外。

在辦公室裡擺起架子對部下惡言斥喝，也不過是想要他好好辦事，其實要達到這種效用，有時還不如「虛情假意」地哄哄他。

根據許多人的經驗，職位越低的人越會感恩圖報，越會講義氣。這類人其實最值得拉攏，甚至値得和他交朋友。

職位低的人無法往上爬，並不一定是他書讀得不多，或是本領不夠。許多之所以屈居低下階層，多半只是因爲做人太老實。

從好的角度來看，這類老實人最值得交朋友，許多人不願交這種朋友，不過是因爲地位觀念作崇罷了。

再從壞的角度看，這類人其實最可堪利用，稱讚他們幾句，他們就會「有如遇知音」的感覺。

因此，偶爾不妨哄一哄你的部下，說幾句話稱讚他們完全不費力氣，卻會產生你意想不到的效果。

當然，稱讚部屬這種事不能常做，做多了反而顯得太虛假了。

建議你不妨多注意一下部下有什麼可以稱讚之處，然後適時、適度地加以稱讚，只要不構成「性騷擾」之嫌，任何可以稱讚的地方，都可以當眾誇獎一番。

厚黑智典

過去的事往往因為「有例可循」，而被武斷地沿用至今，可是，它本身也是因循自更早的案例。

——斯塔爾夫人

提防馬屁精笑裡藏刀

除非上司是一位典型的「昏君」，否則，無論如何都不能選這種逢迎拍馬的人當主管，因為，有時這種人連做個稱職的員工都不夠資格。

生性諂媚阿諛的人，之所以不惜屈尊對上司逢迎拍馬，原因不外爲了自己的升遷，或是爲了改善環境條件，或是爲了自己的子女就業，或是爲了求得職務上的保護，或是爲了借上司的信任和威風來擴大自己的尊嚴……所有的這些目的，無疑都需要上司來成全。

上司在他們的眼裡，完全成了達到自己個人目的的「希望之樹」，所以除了千方百計設法諂媚外，別無他途。在他們眼裡，吹捧上司就會得利，而反駁上司的人只會吃虧。

這種人說的是一套，做的又是另外一套，表面上唯命是從，實際上暗藏禍心。「笑裡藏刀」是這種人最生動的寫照。

逢迎拍馬的風氣盛行下去，勢必弄得眞假難辨、是非不分、小人吃香、好人受氣，工作難以開展，員工的積極性受到壓抑。

顯然，除非上司是一位典型的「昏君」，否則，無論如何都不能選這種逢迎拍馬的人當主管，因爲，有時這種人連做個稱職的員工都不夠資格。

但是，不可否認的現像是，這種人在許多公司裡卻往往能夠左右逢源。主要原因不外兩個：

一是這種人看透了人性的弱點，特別是當上司喜歡聽奉承的話，再加上他們吹捧的技術，往往能在公司裡風光一時。

二是許多上司表面上說自己很民主、很開放，樂意聽取各方面的意見甚至批評，其實骨子裡最不能容忍下屬對他「挑刺」，因爲他們覺得，這種行爲會降低他們的領導威信。

既然如此，下屬便會認爲又何必自討苦吃，乾脆看上司的眼色行事說話，樂得皆大歡喜。

因此，要做到不選擇馬屁型的人做主管，上司也必須加強自己的修養。因爲，只有賢人才能選出賢才。

厚黑智典

你或許可以使狼的毛色改變，但是絕對無法改變牠們的本性。

——土耳其諺語

用人，絕對不能有私心

「唯才是舉」是經營者必須具有的胸懷和品德，哪怕你曾經討厭過他，也不能因為個人的恩怨而影響公司的發展。

一個有能力的領導者，對於企業是非常重要的。他不僅能使企業本身充滿活力，最重要的是能使企業的員工目標一致，精誠團結。

相反的，如果領導者不具備領導能力，那個企業不僅不會發展，反而會離心離德，甚至崩潰。

因此，松下幸之助非常贊同破格提升人才。他認為，只要選對了人，公司的繁榮就指日可待。他破格提拔山下俊彥出任公司社長就是明證。

在日本，依照資歷升遷是不成文慣例，破格提拔人才阻力很大。因此，在真正需要破格提拔人才時必須特別慎重。首先，松下幸之助會和年長的員工進行溝通，使他們同意和支持提升新人的職位。

松下幸之助說：「當你把某人提升爲課長時，等於忽視了該課內還有曾經照顧過這個人的許多前輩。我覺得，如果只是把派令交給新課長並予以宣佈，是不夠的。我主持公司時，總是交代得很清楚，那就是讓課內資格最老的人，代表全體課員向新任課長宣誓。」

松下公司的做法頗具意義，當某人接受課長的派令後，他致詞道：「我現在奉命接任課長，請大家以後多多指導及協助。」然後，由課內資格最老的成員，代表全體員工致賀辭：「我們誓言服從新課長的命令，勤奮地工作。」這麼做，旨在提高新任課長的威信。

或許有人認爲，這種做法未免故意爲難別人。

事實上，這種擔心是多餘的，如果年長的員工對新上任的課長不滿意，採取強制宣誓的辦法，不僅不能達到目的，反而會帶來許多麻煩。因此，在提拔新課長時，要先廣泛地徵求課內人員的意見。

松下幸之助特別強調，提拔人才時，最重要的一點是絕不可以有私心，必須完全以這個人是否適合那份工作爲依據。只要是有才能的人，爲了工作而加以提拔，其他的下屬也是會理解和支持的。

因此，「唯才是舉」是經營者必須具有的胸懷和品德，哪怕你曾經討厭過他，也不能因爲個人的恩怨而影響公司的發展。

厚黑智典

讓年輕人腐化的最快方法，就是要他多認同一般人的思想，少接觸特立獨行的人。

——尼采

萬一你的上司是豬頭

不管你的上司多麼昏庸無能，你心裡多麼瞧不起他，脫離苦海的最佳辦法就是表現更恭順謙卑，盡力從旁輔助他，讓他早日高昇，或者更努力表現，讓自己快點升職，和他平起平坐。

假如你的上司是一個超級大「豬頭」，好大喜功卻又毫無效率可言，又有某些讓人受不了的怪異癖好，這自然是你工作中的最大不幸。

譬如，你的上司一早大搖大擺地來到公司，口沫橫飛地高談闊論一番後，又突發奇想，叫部屬必須提筆草擬一項莫名其妙又毫無必要的工作計劃，所有員工自然是怨聲載道。

追隨一個無能又膨風的人，而且還必須爲他分憂解勞，確實是件相當無奈的事，從他身上學不到半點東西，只是徒然浪費寶貴的光陰。

如果遇到這樣的「豬頭」上司，你應該如何擺脫他呢？

俄國大文豪托爾斯泰說：「人人都想改變世界，但誰也不想改變自己。」

想要擺脫「豬頭」上司，必須先改變自己。

不管你的上司多麼昏庸無能，你心裡多麼瞧不起他，脫離苦海的最佳辦法就是表現更恭順謙卑，盡力從旁輔助他，不斷締造佳績，讓他早日高昇，或者更努力表現，讓自己快點升職，和他平起平坐。

這才是擺脫「豬頭」上司的積極辦法。

假如你不想爲這種一無是處的人效勞，也不願他沾自己的光，另外一個消極的方法就是自行申請調職，遠離他疲勞轟炸的有效射程。

然而，這並不是上上之策，因爲，不管你請調的理由多麼充足，但是動機只能隱瞞一時，最後總會曝露出來。

上司獲悉你是嫌他是「豬頭」之後，也許會覺得有損自己的顏面，惱羞成怒之餘，必定會反咬你一口，四處散播不利於你的謠言，例如「這傢伙最會渾水摸魚，還經常惹麻煩……」之類的話，造成你工作的困擾。

況且，如果你對目前的職務很滿意，僅僅爲了不喜歡這個「豬頭」上司的爲人處事作風便輕率調職，未免太劃不來，也會影響到日後升遷的速度。

厚黑智典

聰明的人雖然開始的時候衝勁十足，但是最後仍因為缺乏堅持而失敗，而他的位置，通常由腳踏實地的辛勤工作者所取代。

——J．R．陶德

別亂拍「老虎」的屁股

上司就有如一隻「老虎」，老虎的屁股千萬不要亂拍。就算你想拍「老虎」的屁股，也不能只憑一時的匹夫之勇，而是必須靠深謀遠慮的謀略和智慧。

也許你會認為，遇到膨風無能的「豬頭」上司，只要設法向公司高層申訴或告密，數落他的罪狀，讓他丟掉飯碗，自己不就可以脫離苦海了嗎？

照常理說，不管你用什麼方法向公司高層申訴、告發，一次兩次之後公司自然會進行調查，最後，那位無能的上司終究會被革職。

然而，事情往往沒這麼單純。

我們不妨換個角度想，既然你的上司那麼無能，為什麼能晉升到目前的職位呢？說不定他有某些你不知道的人脈關係，或者背後擁有你的力量無法撼動的靠山。舉例來說，也許公司的領導高層中，就有他的親戚好友，充當「守護神」庇蔭著他。

萬一你精心策劃的逼退行動失敗，屆時要辦理移交、捲鋪蓋走路的人，恐怕就變成是你了。

縱使你的逼退計劃成功，順利趕走了惹人厭煩的上司，那麼，從此以後，你在公司同仁眼中就成了一位陰險的「職業殺手」，大家都會對你敬而遠之，沒人敢與你交往，新來的上司恐怕也會對你「另眼相看」，你以後就沒好日子過了。

如果你還是忿忿不平，堅持不願讓那種愚蠢、刻薄的上司坐享其成，也不願幫助他升官，也許你會暗中替他製造麻煩，扯他後腿，讓他在公司出糗難堪。

你當然可以這樣做，但這無疑是最差勁的選擇。

因為，就算你順利地讓他出糗難堪，只要他仍保住職位，一定不會放過任何可以報復你的機會。這樣一來，就和設法使上司被革職一樣，「不成功便成仁」，反而會危及自身。

即使你的計劃成功，新來的上司很快就會風聞你的「輝煌」歷史，處處對你充滿戒心，不敢委以大任，那就得不償失了。

法國思想家蒙田說：「不能駕馭外界，我就駕馭自己；如果外界不適應我，那麼，我就去適當它們。」

上司就有如一隻「老虎」，老虎的屁股千萬不要亂拍。也許你憤世嫉俗，也許你討厭趨炎附勢，不想向現實低頭，但是，就算你想拍「老虎」的屁股，也不能只憑一時的匹夫之勇，而是必須靠深謀遠慮的謀略和智慧。

厚黑智典

不能駕馭外界，我就駕馭自己；如果外界不適應我，那麼，我就去適當它們。

——蒙田

用事實堵住下屬碎碎唸

如果你是一個領導者，假設也有部下A成天發牢騷，指責你為什麼只升遷部下B而不晉升他，你就讓事實來說話，讓事實來堵住部下A的牢騷之口。

如果，下屬在性格上就是一個愛抱怨、愛發牢騷的人，那麼，你應該找機會教育和警示他們，使他們改正。

有些人整天抱怨工資太低、主管看他不起，或者別人升遷了，爲什麼自己卻沒有，成天怨這怨那的，而對於自己的分內工作又不能照要求完成。

對於這樣的下屬，如果你是領導者，大可大聲地訓誡他：「你先把自己的分內工作做好，再來找我。」

或者，你可以採用一種更巧妙的方式，去找一個有辦事能力並且任勞任怨的人，然後把同樣的任務分別交給這個人和那個愛發牢騷的人去做。

完成之後，再把他們的結果放到一起，讓大家來比較孰好孰壞，趁機讓那個抱怨者心中清楚：別人升遷是因爲他的能力比自己強的緣故，而不是靠什麼私人關係。

有一個生意人想買一批番薯，於是，就派他的兩個學徒去市場瞭解一下行情。

學徒A去了一會兒就返回了。他一面埋怨今天天氣太熱，害自己跑出一身汗，一面向老闆報告今天市場上番薯的價格，然後便碎碎唸地去沖涼水澡了。

學徒A沖完涼水澡坐到店面，學徒B才汗流浹背地回到店裡，不僅向老闆彙報了今天市場上番薯的價格，還把昨天和前天的番薯價格一併告訴了老闆，並向老闆建議說，今天的價格已經是最低的了，恐怕到明天就會漲價。

老闆覺得學徒B分析得有道理，於是，又叫他去市場上找一個賣主來店裡談價錢。這時，學徒B卻一指門外說：「我考慮到老闆有可能要買，所以已叫了一個賣主在外面等候了。」

老闆到外面一看，覺得品質不錯，價錢也確實比前幾天低廉，於是就很快地把那個人的番薯買下了。

這個例子告訴我們什麼呢？

寓意其實很簡單，那就是，如果你是一個領導者，假設也有部下A成天發牢騷，指責你為什麼只升遷部下B而不晉升他，你就把同樣的一件事交給他們兩個去做，讓事實來說話，讓事實來堵住部下A的牢騷之口。

厚黑智典

我會勇於表達今天我所相信的，哪怕與我昨天所說的完全背道而馳。

——社會改革家菲力普斯

同事之間為何只能說「三分話」

同事之間往往是各自擺出一副虛假的面孔，掩蓋自己的各種弱點，掩蓋自己的真實面貌。因此你大可不必將真心話全盤托出，只說「三分話」就行了。

同事之間，爲了追求工作績效，贏得上司好感，或獲得升遷，便會出現種種利害衝突，彼此存在著一種微妙的競爭關係。

這種競爭摻雜了個人情感、好惡，與上司同事之間的互動關係……等等複雜因素。從表面上看，辦公室裡大家似乎相安無事，一團和氣，其實內心裡都在各打各的算盤。

利害衝突如果導致同事之間關係緊張，自然不可能同舟共濟。

既爲同事，天天工作在一起，每個人的性格脾氣、優點缺點，自然會在平時的互動中曝露出來。一旦行爲上的缺點和性格上的弱點曝露以後，彼此間的矛盾、衝突就自然產生。

這種矛盾和衝突有些浮現在表面上，有些卻隱藏在暗地裡，種種的矛盾心理或不愉快交織在一起，便會有亂七八糟的雞毛蒜皮的事情發生。

此外，同事之間，儘管彼此的年齡、資歷有所不同，但因沒有距離感，相互之間便會滋生鄙視意識。這種鄙視意識產生之後，就會放大對方的缺點和弱點，日積月累便成了對立之勢。

同事之間有時必須一起共同處理一些事情，每個人處理事情的方式不同，方式合適與否，對公司的發展、對個人的利益有什麼影響，每個人都會暗中加以比較。一旦覺得別人的工作效率或處理事情能力不如自己，就會萌生驕傲的想法，然後自然地流露在態度之中。

然而，同事之間如果有人幹得比自己出色，獲得上司的肯定與器重，則又會產生嫉妒的心理。

由於上述種種原因，一般人往往對同事存有戒心。也因此，「逢人只說三分話，不可全拋一片心」的戒條，在同事關係上表現得淋漓盡致。

大家都戴上面具去對待自己的同事，不用眞心去對待同事，使得同事之間往往假話連篇，而直話、眞話很少。

同事之間往往是各自擺出一副虛假的面孔，掩蓋自己的各種弱點，掩蓋自己的眞實面貌。

因此，對於一般的同事，你大可把他們看成泛泛之交，不必將眞心話全盤托出，只說「三分話」就行了。

厚黑智典

很明顯的，由於欺詐性廣告的不斷流傳，使得人們的智力不斷降低，這說明瞭要征服一個市場，方式不只一種。

——管理學專家彼得·杜拉克

如何記住別人的名字？

成功人士的經驗告訴我們，記住別人名字的多少，與交往範圍的大小、事業的成敗成正比。

美國激勵作家戴爾·卡耐基說：「在交際中最簡單、最明顯、最重要、最能得到好感的方法，就是記住別人的名字，使他有受到重視的感覺。」

因此，在與人交際之時，要使對方有一見如故的感覺，最好的方法就是設法牢牢記住他的名字。

沒有比被忘記姓名更殘酷的事情，忘掉別人的姓名，等於是將他忘掉一樣。希望對方記住代表自己的姓名，無非是希望對方記住自己。

所以，人對於能夠記住自己姓名的人，一般都會存有幾分好感，當對方提出一些自己能力範圍之內的請求時，通常不會拒絕。

戴爾．卡耐基在《打動人心》一書中也寫道：「使耳朵響起最悅耳的音樂，是有關自己姓名的音響。」

的確，記住對方姓名是有百利而無一害的。

至於記住姓名的竅門爲：印象、重複＋聯想。

開始時先抓住對方的印象，然後描出輪廓，並小聲、重複地唸對方的姓名，在交談中插入對方的姓名。

至於聯想，則是設法與某些事物相關連，藉以牢牢記住。

成功人士的經驗告訴我們，記住別人名字的多少，與交往範圍的大小、事業的成敗成正比。

政治家記住幕僚和群衆的名字可獲得擁戴，管理者記住下屬的名字能指揮自如，教師記住學生的名字可贏得威信。

任何一個人，只要牢牢記住自己所結識過的人的名字，都會受到對方的喜愛，而在關鍵時刻獲得適時援助。

進入新的朋友圈並能成爲好朋友的人，無疑是那些記住並互相稱呼姓名的人。

總之，能記住姓名是建立人際關係不可或缺的條件。

厚黑智典

很多人以為自己正在積極思考，實際上，他們只不過是在努力重新安排自以為是的偏見。

——心理學家威廉·詹姆斯

用「書櫃」來包裝你的形象

在辦公室裡擺設一些「一本正經」的東西，其實可以建立自己值得信賴的正面形象，增加公關效果。

一個人會不會「做人」，從辦公室的佈置就可以看出一二。

一般的辦公室，辦公桌後面通常是放置檔和書籍的牆櫃。

對有些人來說，這個牆櫃只是用來放放文件，但對懂得求人辦事技巧的人來說，它可以是公關工具，而且是「具有攻擊性的公關工具」。

有個朋友辦公室書櫃裡的書幾乎清一色是精裝書，多數是工商貿易和財經企管類的專門書籍。書架裡也擺放了一些政治、經濟方面的刊物，另外，也擺放了一張一家三口的照片。

他深諳求人辦事的技巧，妥善地善用這個書櫃，達到公關作用。

例如，區區一張全家福照片，便已告訴了每一個人，這個辦公室的男人，是一個愛護家庭的男人。

儘管這位朋友平常其實有不少不爲人知的「夜生活」，但在辦公室放置一張家庭照片，卻建立一個愛家的形象。

那些書報雜誌選得更有「學問」，因爲在一家公司裡，能夠在熟悉本身業務的同時，關注經貿金融等業務資訊，便給人一種「有學識」、「求上進」的印象，這種人通常會被視作忠實可靠的商人。

當然，書放在那裡，總得「每本書姑且看五分之一」，以便萬一客戶或頂頭上司進來看見，和你聊起來某本書內容時，能侃侃談上一番。

報刊的選擇也是一門學問，堂堂一個主管的辦公室，如果放的是娛樂、八卦方面的雜誌便不符合形象，即使你對明星生活和名人緋聞特別感興趣，也不可以公開擺出來讓別人知道。

在辦公室裡擺設一些「一本正經」的東西，其實可以建立自己值得信賴的正面形象，增加公關效果。

這些道具一公開擺出來，上至上司、下至部屬，乃至客戶都看得見，所發揮的功用實在妙不可言。

提醒你，檢討一下自己的辦公室有沒有「重新裝修」的必要，也許你上次未能順利晉升，就是因爲少了這些關鍵性的「道具」。

厚黑智典

不要相信那些陳腔濫調，一個真正優秀的人才，經常是第一個或幾乎是第一個完成工作的人。

——富比士

5
PART

要爭天下，必先爭人

爭天下必先爭人，而人才的來源除了要自己努力培養外，還要把眼光放在外面，從外地引進和挖掘人才。

千萬別去踩別人的痛處

唯有小心觀察，不觸及對方的「逆鱗」，也就是我們所說的「痛處」，才能保持圓融的人際關係。

一個人若想和上司、同事間建立良好的人際關係，一定要記住：保持適當距離，做事公私分明，尤其要注意不要踩到別人的痛處。

被擊中痛處，對任何人來說都是件不愉快的事。

不管在什麼情況下，不去碰觸別人的痛處，不但是待人處事應有的禮儀，更是在都市叢林中左右逢源的關鍵。

有修養的人即使在盛怒之下，也不會擴散憤怒的波紋，但是涵養不夠的人，被激怒了，往往就會面露兇貌、口出惡言，甚至隨手拿起手邊的東西往地上摔。

某些人暴跳如雷的時候，甚至還會口不擇言，用各種侮辱性的語言攻擊別人最敏感的隱私。

一旦你攻擊他人的痛處，修養好的人雖不至於當場發作，與你破口對罵，但心中的疙瘩和怨恨往往難以抹平，如果他是你的上司或客戶，那麼你就會變成被「封殺」的對象。

在公司裡，「封殺」意味著調職、冷凍、開除。

如果你是公司負責人，「封殺」就代表著對方拒絕繼續與你往來，或是「凍結彼此的關係」。

中國古代有所謂「逆鱗」的說法，強調即使面對生性再溫馴的蛟龍，也千萬不可掉以輕心。

傳說中，龍的咽喉下方約一尺的部位，長著幾片「逆鱗」，全身只有這個部位是逆向生長的，萬一不小心觸摸到這些逆鱗，必定會被暴怒的龍吞噬。至於其他部位任，不論你如何撫摸或敲打都沒關係，只有這幾片逆鱗，無論如何也觸摸不得，即使輕輕摸一下也犯了大忌。

其實，每個人身上也都有幾片「逆鱗」存在，即使是人格再怎麼高尚偉大的人也不例外。唯有小心觀察，不觸及對方的「逆鱗」，也就是我們所說的「痛處」，才能保持圓融的人際關係。

厚黑智典

如果一個人不知道他要駛向哪個碼頭，那麼，任何方向都不會是順風。

——古羅馬思想家塞內卡

找出下屬造成巨大損失的原因

競爭激烈的商場如戰場，失敗一次就已經落後別人了，如果不趕快找個得力人才來迅速改正並推動發展業務，就極有可能從此一蹶不振，淹沒於競爭的汪洋大海之中。

當下屬對公司造成巨大損失時，首先要迅速地調查問題的原因，而不是忙著斥責或解雇他。

如果是因爲外部不可抗拒、不可預測的原因，你應當繼續留用他。

例如，前美國克萊斯勒汽車公司總經理艾科卡，在他上任剛把人才配置到位不久，就爆發了兩伊戰爭，並因此衍生了石油危機。公司資金嚴重短缺、周轉不靈，人才一個個離去。

這對於剛剛起步的艾科卡，無疑是一個致命的打擊，幾乎把他擊倒在地。

但是克萊斯勒汽車公司的董事們，並沒有因此立即撤換艾科卡的總經理職務，因爲他們知道這不是他的錯誤，而是誰都無法避免和預見的問題，並在隨後的日子裡繼續支持艾科卡的工作。

果然，儘管遭受了這場意外的損失，但很快的，艾科卡就運用自己的才能，進行各方面的活動，包括向國會議員們遊說，獲得了更多的銀行貸款，終於渡過了他上任以來的第一次難關，並使克萊斯勒公司迅速地發展起來，成爲了美國汽車工業第三大巨人。

如果經過調查，造成重大損失是部屬能力和知識不足的緣故，那麼就要毫不猶豫地加以解雇。

因爲，競爭激烈的商場如戰場，失敗一次就已經落後別人了，如果不趕快找個得力人才來迅速改正並推動發展業務，就極有可能從此一蹶不振，淹沒於競爭的汪洋大海之中。

國外一些大公司的總經理，即使是沒有犯下重大的錯誤，也有可能遭到解雇，原因是，一個人在同一個崗位待久了，就會產生惰性，思維僵化，不思進取。而換一個新的領導人，則會帶來新的氣息和思路。

還有些平庸的人，雖然在工作崗位上並沒有犯大的錯誤，但也沒有發揮應有的作用，領導者也必須嚴格地限他在一定時間內做出成績，否則，就要痛下決心，毫不猶豫地撤換。

日本三洋電機公司總經理井植薰的一個小故事就很有啓發性。

有一次，一家分公司經理來詢問他：「不知爲什麼，分公司老是不賺錢，你能否做個診斷？」

於是，他來到了這家分公司視察，隨口問陪同他的經理：「這個零件，是多少錢買來的？」

「這個……我不知道，要問問採購科長。」

「是嗎？既然如此，讓那位科長來當經理如何？這樣就會賺錢了。」

過了一段時間，井植薰又來到了這家分公司，但他這次二話不說，只要這位經理把企業利潤表拿來看看。

當他看完幾個月來分公司的效益還是低迷不前時，就不聲不響地走了。

很快的，這家分公司的經理就收到了一封解雇書，後面還附有一張井植薰寫的紙條：我不能容忍一個人在這個位置上幾個月毫無建樹。

厚黑智典

有些人的錶在某個時間停了，人也跟著停留在那個時期。
——法國評論家聖伯夫

老實是無用的別名

只有老好人缺點最少，得罪人最少，但是，他們往往表現得膽小怕事，正印證了一句俗語：「老實是無用的別名」。

每個人都有或大或小的缺點，懂得選才用人的領導人，毫無疑問的，識人要細、知人要全。

領導用人的著眼點，首先一定要盯在一個人的長處上，焦點集中在一個人的優點上。一個聰明的領導者審查人才時，絕不會先看他的缺點，而是要看他是不是具備完成特定任務的能力。

在用人方面，之所以出現「外來的和尙會唸經」，是因爲不少領導者在選才用人時，好像是在西瓜地裡挑西瓜子一樣，挑花了眼還下不了決定。

只看別人的短處，肯定就會越看越不順眼，越看越不滿意，因爲你會不自覺地把別人的短處放在首位，結果長處就無形中被忽視和排斥了，於是，「我這兒沒有人才，人才還得到外面去找」，就成了某些領導者的口頭禪。

其實，在生活中，一些越是有才能的人，他們的缺陷也往往越明顯，譬如，有才幹者恃才傲物、有魄力者不拘常規，如果我們對他們的錯誤或缺失看得太嚴重，從而把他們閒置一旁，未免太可惜了。相反的，只有老好人缺點最少，得罪人最少，但是，他們往往表現得膽小怕事，正印證了一句俗語：「老實是無用的別名」。

因此，一個高明的領導人，用人一定要用有所長的人，而不要傾向於用老好人、四平八穩的人。古往今來的人才，都是有缺點的，就像古人所說的：「水至清則無魚，人至察則無徒」，領導者對人才可以從嚴要求，但絕不能吹毛求疵。

厚黑智典

一點缺點也沒有的人，通常也不會有什麼優點。

——美國總統林肯

不要隨便戴別人送的「高帽子」

你要記住，很多人都在設法挑你的毛病，所以不論幹什麼事情，隨時保持頭腦清醒，以免無意中出了什麼差錯。

公司或單位裡，經常會有人在你面前說東道西，你可千萬別照單全收，因爲由別人那兒聽來的話，往往過於誇大。你要在心中安一個天平，秤出哪些話是金玉良言，哪些話是胡謅的無稽之談。

其實，稍有工作經驗的人，都能分辨出哪些是真心話，哪些是違心論。上司的甜言蜜語只能哄騙那些頭腦簡單的人。

任何公司都一樣，上司很容易忘記部屬所立下的汗馬功勞，除非你不斷創造佳績，否則不要輕易相信上司所說的這樣的話：

「公司認爲你是個不錯的人才，我也這樣認爲。」

「無論是公司還是我個人，都很關心你的升遷。」

「別急，你的事包在我身上。」

「我不去其他高薪的公司，是想留在這裡好好照顧你。」

尤其是，當你參加公司的聚餐，最好先有心理準備，也許上司會對你說：「散會後我們再去喝一杯，或去打打牌、聊聊天，消磨消磨時間。」

聽了這些話，也許你會怦然心動，認爲偶爾輕鬆一下也未嘗不可。但是，除非逼不得已，否則千萬不要和上司去尋歡作樂，因爲你若參加了上司們的聚會，就會變成他們觀察與注意的目標，日後也必然成爲他們排斥的對象。

如果上司一再拖拉，要你非參加那種聚會不可，那麼你就要切記不可飲酒過量，否則，上司會認爲你原來是一個酒徒。再者，酒喝多了之後，你可能失言，無意中得罪了上司。

聚會之後，你最好不要在通宵的牌局中參一腳，否則，翌日你會疲憊不堪，頭腦混亂，影響到上班的精神。

千萬不要忘了四周的人都在觀察你，用眼睛緊盯著你的一言一行，因此你禮貌性地待了一會之後，就得藉故離去。

你可以藉口不舒服或其他原因提前告退，這比總你陪上司通宵達旦玩樂、打牌後接著上班好得多。

你要記住，很多人都在設法挑你的毛病，所以不論幹什麼事情或開會、聚餐，都絕不可以遲到，即使是你最不願意參與的某項活動，也要裝成興致勃勃的樣子。隨時保持頭腦清醒，以免無意中出了什麼差錯。

厚黑智典

在生命中沒有任何一個年齡或時間，也沒有任何立場或情況，能讓人永遠維持成功。任何年齡都是朝成功努力的開始。

——傑洛大主教

部屬要跳槽，你該怎麼辦？

萬一出現了部屬跳槽情況，你不應有過激的行動。能夠以自己的敬業精神感動和留住人才，當然是件好事，萬一他們非走不可，你也要寬宏大量的熱情加以歡送。

有位企業經理人說：「要觀察一個領導者的待人之心，最好的時刻就是在下屬提出辭呈的時候。」

部屬辭職的原因有很多種，有的是覺得你還不夠重視或重用他，有的是覺得這個地方太小，沒有什麼發展前途，還有的是受到同事或其他人的排擠。當然，還有人爲了高待遇而辭職……等等。

隨著市場競爭和商業戰爭愈演愈烈，許多下屬爲了高薪和工作環境而提出辭職的情況也不斷出現。

譬如，一些市場上的獵人頭公司一瞄上了一家公司的高級領導人才，就會開出更好的條件和更高的酬勞做爲誘惑，從而把他挖到其他的公司去。

面對這些情況，你該怎麼辦呢？

某家企業集團的總經理對於人才的去留，有一番較透徹的見解。他認爲：「人才是受市場利益驅使的，不能再像過去舊經濟時代那樣，把人綁得死死的，人人都有選擇的權利。因此，你在用這些人才時，一方面首先要信任他們，盡可能地使他們的才能得到發揮，使他們的價值得到體現；但另一方面，企業領導者也要有危機意識，要時刻準備著這些人才跳槽，因為現在外面的誘惑太多，有些條件你無法和別人相比。」

萬一出現了部屬跳槽情況，你不應該有過激的行動。如果，你能夠以自己的敬業精神感動和留住人才，當然是件好事，萬一他們非走不可，你也要寬宏大量的熱情加以歡送。

至於有些員工和下屬在外面闖蕩了一段時間後，又折回來，如果他們是可用之才，你還是要攤開雙手歡迎。

因爲，這是他們自己在外面工作後得來的感覺，覺得還是你這兒最好，你爲什麼要去拒絕，甚至嘲笑他們呢？

厚黑智典

我們之所以會擁有這麼多東西，是因為我們經常拋棄舊事物，藉由汰舊換新，讓我們得以享受更好的生活品質。——企業家A·史隆

如何用「酒杯」釋掉部屬的「兵權」

對於那些有野心、威脅到自己地位的人，要及時地警告，給他下馬威。當他一露出端倪，你就要提防他，甚至寧可不用。

用人要有容人之量，但也要有護身之法。

由於在用人之初，領導者求賢若渴，往往對人才缺乏全面性的鑑識。譬如，只注意到了才幹，而忽視了內在的品行和野心，待到日久之後，才驀然發現這個昔日自己一手提拔的人，已變得不那麼尊重自己，甚至驕縱放肆，不把自己放在眼裡了；或者另走「高層路線」，想要取代昔日器重他的自己；或者他暗中結黨拉派，勢力對自己的地位構成嚴重的威脅。

面對這種情況，你該如何應變呢？

我們先來看一則「杯酒釋兵權」的歷史故事。

大宋王朝的開國皇帝趙匡胤「陳橋兵變」後取得了政權，天下大勢也趨於平穩。但他依然食不知味，夜不能眠。

他憂慮些什麼呢？原來，他憂慮自己身邊有那麼多手握重權和兵權的人，說不定什麼時候，他們的下屬也會如法炮製，演出「黃袍加身」的戲碼。

於是，他殫思竭慮，並聽取大臣趙普等人的意見之後，做出了「杯酒釋兵權」的決定。

在一個月色皎潔的晚上，宋太祖趙匡胤把石守信、王審琦等手握兵權的大將們召至皇宮裡飲酒。酒酣耳熱之際，趙匡胤說道：「我今天能夠得到江山，安穩地坐在這兒，全都是依靠你們的力量和功勞啊！你們的恩德，我將永遠銘記。然而，我現在的日子卻不好過，差不多沒睡過一夜安穩覺。」

周圍的重臣急忙詢問原因。趙匡胤過了好一會兒，才意味深長地回答：「這不奇怪啊，我的這個位置，誰不想坐呢？」

眾人聽了大驚失色，連忙叩頭跪首：「陛下爲什麼說這些話呢？現在天命已定，誰敢違抗天命反叛皇上呢？」

趙匡胤知道他們上鉤了，接著說：「你們都忠誠於我，不會有野心，這我知道，但是你們手下的人貪圖富貴，一旦把黃袍也加在你們的身上，那時即使你們不想做皇帝，能辦得到嗎？」

功臣們聽了這一番話，個個魂飛天外，皇帝懷疑他們將來可能會謀反，這可是誅滅九族的大罪！於是，這些功臣們一個個哭泣著說：「皇上，我們對你的忠心唯天可表，我們只求陛下給我們指示一條出路。」

趙匡胤一看時機已成熟，就說：「你們看，人生百年，就像白駒過隙，轉眼即逝，你們何不多過幾天吃喝玩樂的舒服日子？戎馬一生已經夠辛苦了，何不放棄兵權，回家鄉做個悠閒官兒，快快樂樂的？這樣，君臣之間也免去互相猜疑，上下相安，你們以為如何？」

功臣們一聽，心裡安定了下來，紛紛叩頭謝恩。於是，第二天，這些將領們都以自己年老有病為由，請求皇帝解除他們的兵權，一個個告老還鄉了。宋太祖也就藉機把所有的軍隊抓在自己手中。

宋朝三百多年間，雖然因爲腐敗無能，招致外敵入侵，但在內部卻沒有發生像前朝那種「藩鎭割據、諸侯弄權」的現象，這不能不歸功於宋太祖「杯酒釋兵權」的高招。

對於那些有野心、威脅到自己地位的人，特別是在你手下一站穩腳跟，便不安好心，常常越過你，和你的上級套交情的那種人，要及時地警告，給他下馬威。當他一露出端倪，你就要提防他，甚至寧可不用。

因爲，這樣的人，他向上發展不是爲了工作，而是爲了往上爬，爲了自己的一己之利。你如果任其自然發展，一旦他爬上高位，對你也不會有感恩心理，有時候，他爲了再向上爬，還說不定會反過來踩你幾腳。

厚黑智典

最成功的生意人，就是緊緊捉住舊東西，直到它不再適用，並且在新事物出現時能立刻把握的人。

——凡德普

外表並非能力的保證書

最能展現價值的並不是外表，而是本身的才能和對志業的追求及熱愛。如果要以外表來取人的話，那麼，所有的政府官員、企業總裁豈不是都得由模特來擔任？

有句古話說：「人不可貌相，海水不可斗量」。

意思是說，人的才能與相貌之間沒有必然的聯繫，才幹只存在於一個人的內在，想要檢驗一個人是否具有眞才實學，只能透過實際工作加以印證，而很難經由觀察他的外貌得出結論。

像美國歷史上著名的林肯總統，長相就非常醜陋，但是他卻並不因此而自鄙。

他強調說，人在四十歲之前對自己的長相是無能爲力的，但是，過了四十歲之後就得自己負責任。

正是因為有了這種自信，所以林肯完全忽略了自己外在的醜陋，而專心於事業和工作。結果，他成了美國的總統，美國人們也完全不覺得他們的總統是一個其貌不揚的人，因為人們被他的才華所折服了。

但在實際生活裡，以外貌取人的現象相當普遍，譬如中國許多章回小說中，往往把鼻直口方、兩耳垂肩描繪成是帝王將相，而把長得尖嘴猴腮、稀眉豆眼的人當成了奸詐小人。

誠然，外表堂皇的人，更容易受到人們的注意和歡迎，但倘若以此論定一切，那就大錯特錯了。

因為，對一個人而言，最能展現價值的並不是外表，而是本身的才能和對志業的追求及熱愛。如果要以外表來取人的話，那麼，所有的政府官員、企業總裁豈不是都得由模特來擔任？

美國一家汽車商招聘推銷員，前來應徵、面試的多為相貌堂堂、儀表不凡的「公關先生」，只有一個穿普通工作服，長得又矮又瘦。

大家都認為這個瘦皮猴肯定過不了關，但是直到招聘會結束，這個外表並不討人喜歡的瘦皮猴並沒有被刷掉，反而被公司正式錄用了。

原來，這個瘦皮猴的口才相當漂亮，他用語言方面的天賦征服了該公司的管理者們，並且，在口試中，表現出對推銷工作的熱愛。因此，公司的管理者們完全有理由相信：能夠輕鬆、自信推銷自己的人，也必定能夠推銷公司的汽車。

另外，一個有遠見的企業領導人也不能以性別來論人，更不能有性別歧視。

中國有一句俗話說：「頭髮長，見識短」，雖然只是一句玩笑話，但其中的貶意不言可喻。

事實上，科學上早有研究定論，從智力上來說，男女之間並無多大差別，因此，那種以傳統、陳腐觀點來論人的方式是非常可笑的。

目前，社會上出現許多白領女性和企業女強人，她們的才智和能力，其實一點也不比男性差。

有一個最新鮮的例子說明了這點。

一九九九年上半年，全球排名第二、第三的電腦製造商惠普公司和康柏公司，因爲各自不同的原因，都出現了總裁職位空缺、群龍無首的局面。於是，這兩家大公司都分別派出得力人馬，在美國所有的科技公司中覓尋適當人選。

最後，康柏起用了內部的一個董事，而惠普卻出人意料地從外面請來了一個女總裁。

惠普可是一個年營業額超過四〇〇億美元的大公司，可是董事會卻勇於把它交給了一個女性掌管。那麼，你還有什麼理由懷疑婦女的能力呢？

厚黑智典

美國商人總是隨時汰換過時的機器，卻不願更新過時的觀念。

——美國商人葛瑞斯

為什麼下屬會頂撞自己？

當下屬頂撞自己時，不管自己有無道理，也不管下屬表情怎樣，是言辭激動、還是冷言惡語，一定要克制自己的情緒，保持洗耳恭聽的態度。

領導者與下屬在公眾場合吵架，是最愚蠢的事。

遭遇下屬頂撞，是許多管理者常常遇到的難題，當你的下屬頂撞你甚至公然和你對抗時，一定要用理智、清醒、冷靜的態度來處理。

因爲，這不只是你和下屬兩人之間的問題，辦公室內還有很多雙懷著異樣心情的眼睛，正緊盯著你。

你首先要搞清楚的是，爲什麼下屬會頂撞自己？

如果是因爲工作上，自己的看法和態度不對，而頂撞者的意見有可取之處，你應當以寬廣的胸襟和誠懇的態度，主動接受他的意見。切記，不可明知道自己不對，還要仗著職權盛氣凌人，不把下屬放在眼裡。

如果頂撞者是錯誤的，是受了蒙蔽或誤解，你也不能因爲自己正確就任意加以訓斥，而是要曉之以理、動之以情，耐心地就問題進行說明和解釋，讓頂撞自己的下屬心服口服。

身爲一個領導者，你要謹記在心的是，當下屬頂撞自己時，不管自己有無道理，也不管下屬表情怎樣，是言辭激動、還是冷言惡語，一定要克制自己的情緒，保持洗耳恭聽的態度。

千萬不能針鋒相對、毫不相讓，或逞一時之氣進行報復、還擊，把事態鬧到不可挽回的地步。

不管下屬再怎樣暴躁，只要他是爲了工作，你就應該採取欣然接受的態度。如果他是錯的，待他怒火漸息之後，他就會清醒和悔悟。

這樣寬容大度的處理方式，絲毫不會損害一個領導者的威信，反而只會進一步增加下屬對你的敬意。

當然，頂撞上司的下屬當中，也有一些並不全然是爲了工作，而是挾著某種目的而藉機找碴。

對待這種存心刁難、瞎頂亂撞、進行挑釁的下屬，你當然就不能讓步，而應該義正辭嚴、光明磊落地對他進行批評，必要的時候，還要利用自己手中的權力，迅速做出處分。

厚黑智典

最難能可貴的，不是在我們扯大嗓門說話時，而是我們最沉默的時刻。

——尼采

要爭天下，必先爭人

爭天下必先爭人，而人才的來源除了要自己努力培養外，還要把眼光放在外面，從外地引進和挖掘人才。

不要問你的部屬從哪裡來，只問他的腦海裡有沒有才智。

許多企業，尤其是一些區域性的中小企業，由於受到生產基礎和區域意識的束縛，用人往往帶有很大的侷限性，受著「一方水土養一方人，一方水土用一方人」狹隘觀念的影響，很難突破地域的限制。因此，在市場經濟的浪潮中，很多以前風光一時的企業都紛紛銷聲匿跡了，成功地迎接市場挑戰的卻是少之又少。

在企業起步之初，生產的環境會決定它的用人原則，但是，企業要有遠大的發展，想要成爲現代化的企業，就必須突破親情的用人觀，更廣泛地尋找人才。

當前，在中國大陸頗負盛名的「紅豆集團」，正是基於這種人才戰略的思想，組織了「人才開發小組」，奔赴中國各地的人才交流中心，足跡遍佈十九個省市自治區。不僅如此，「紅豆集團」還把求賢的眼光瞄準了台灣和海外的一些國家，先後聘請了台灣的襯衫專家蕭文烽和日本西服技師加藤先生，擔任技術指導，並以百萬年薪聘請四十五歲的加拿大籍華人陳忠出任集團的總經理。

正是因爲紅豆集團的用人原則打破了地域和親情的限制，不拘一格地任用人才，才使得人才願意爲其服務。

爭天下必先爭人，而人才的來源除了要自己努力培養外，還要把眼光放在外面，從外地引進和挖掘人才。在人才開發方面，就地取才畢竟有很大的侷限，而引進人才卻靈活、快捷得多。

某家以生產微波爐著稱的公司總裁也持這種觀點。他認爲，士爲知己者死，企業發展必須靠大家共同努力，沒有人才就沒有一切。

人才不應有「本地」與「外地」之分，只要是人才，不管他來自哪裡，都可以任用。如果有區域劃分的現象，首先應懷疑的是，這個企業的用人機制出了問題。

無論是引進的外地人才，還是自我培養的人才，應該在公平競爭的原則下，評定能力和貢獻大小，誰能勝任就用誰，這才是用人公正、公平、公開的具體表現。

但是，即使這種簡單的道理，在現實生活中卻並不是所有人都能做到的。

當然，有些公司因語言和社會關係上的需要，不得不列出侷限性的要求，但也有公司是從不信任外人的角度來考慮問題。

「外國的月亮並不一定比較圓」，在引進人才上也是一樣，千萬不能因噎廢食。引進人才是必要的，但一定要在充分調動、挖掘和發揮已有人才的基礎上進行。否則，即使引進了許多外地的人才，也只會造成新的人才浪費。

厚黑智典

每個人的頭腦都處於冬眠狀態，直到被強烈的慾望和執行這個慾望的決心喚醒為止。

——羅柏滋

不要亂喝「迷魂湯」

任何一家公司，都不會告訴別人自己真正的實力和背景，為了獲得商業利益，通常只會揀好聽的說。

上司的承諾不能輕信，同事對你的承諾，你也大可以不必當眞。因爲，一個部門空出了肥缺，大家都會去爭、去搶，自然會形成競爭局面。

無論是在戰場、情場或是商場，任何人都很難一帆風順，現實生活中，爲了某種利益而大動干戈的例子實在太多了。

爲了長遠的利益考量，平時跟同事相處就要稍加提防，不要將懷有某種目的的奉承當成是眞話，比如，下面這些話千萬不可輕易相信。

「我眞的很相信你。」

「你是我最知心的朋友。」

「讓我們同舟共濟吧。」

即使對部屬，也得加以留意。

部屬肯定不會當面說你的壞話，他們除了做好分內的工作外，必要時會給你戴幾頂高帽子，再灌上幾碗迷魂湯，就不怕保不住飯碗了。因此，他們的奉承話你最好不聽。比如：

「我只願意爲你一人服務。」

「我不願跳槽，就是想一直爲你效勞。」

「如果你不在這家公司，我早就辭職了。」

此外，和其有些公司的對外宣傳用語，聽了之後也應該在心裡打點折扣，因爲，有的公司爲了使外人建立信心，常常會大放厥詞。如：

「本公司一向把誠信放在第一位。」

「我們是完全有把握圓滿完成這項工作，所以才敢接下來。」

任何一家公司，都不會告訴別人自己眞正的實力和背景，爲了獲得商業利益，通常只會揀好聽的說。

因此，公司的對外宣傳話語是不能輕易相信的，除非你對這家公司十分瞭解，否則，還是寧可持保留態度，多做些深入的調查再說。

厚黑智典

每個人在二十五歲的時候，都具有某些才能，但是困難的是，如何在五十歲還能保有這些才能。

——法國畫家E・竇加

6
PART

充分授權給你信任的下屬

責任和權力是一對不可分離的孿生兄弟，領導人要使部下對工作負責，就得給他應有的權力，這不僅是對他的信任和尊重，更是讓他開展工作的主要條件。

衷心的恭維才能贏得人心

言不由衷只會讓人覺得你是在惡意嘲諷、挖苦他。成功的恭維話應該讓人覺得你是真心誠意地在稱讚他，對方自然樂意收下你的恭維。

說恭維的話語必須注意場合、交談對象及恭維的內容。身為一個領導者，最忌諱的是說話時口若懸河、漫無邊際，自以為口才很好、能說善道，卻讓聽話的人一頭霧水、毫無頭緒。

領導者要說恭維的話語，必須注意的第一要則是要有真誠的內涵，所謂的「肺腑之言」就是這個意思，要讓對方覺得這話說得有道理，這樣的恭維才算成功，也才能達到情感交流的目的。

成功學大師戴爾．卡耐基對於恭維的力量有相當深刻的體會，那是年輕時他離開戲團去當二流推銷員的經驗。

卡耐基當時的情況很糟糕，不工作隨時都可能餓死，在這種情況下不得不到克爾德貨車專櫃當個二流的推銷員。

當時，卡耐基對自己所作的工作毫無興趣，更說不上專業熟練，因而每次顧客光臨時，卡耐基就立即向對方推銷，但對貨車卻避而不談。因此，他被認爲是個瘋子，大家都嘲笑說老闆腦袋有問題才僱用了他。

老闆對此深爲不滿，對卡耐基吼道：「戴爾，你以爲你是在演說嗎？你明天如果還這樣，你就不用再來上班了。」

卡耐基對此也非常擔心，因爲若失去這份工作，他就會成爲路邊的乞丐了，所以他對老闆說：「老闆，爲了能有口飯吃，我會盡力而爲的，況且，你看明天將是個好天氣，你的生意一定會很好的。」

卡耐基這番話讓老闆聽得很舒服，也就未再對他發脾氣，並放棄了開除他的念頭，卡耐基也因而認識到恭維的價值和好處。

不過，恭維對方要不落俗套，最好的方法是就地取材，恰當地說出心中感謝與讚美的話，而且要有特色。

例如，當你到朋友家去作客時，主人若是對種花很有興趣，你可以稱讚他的花開得很美；假如主人養了貓、狗等寵物，你可以讚美牠們乖巧、聽話。像這種恭維就很切題，比那些落入俗套的恭維有用多了。

恭維人切忌言不由衷，更不可以恭維人的短處，這只會讓被恭維者覺得你是在惡意嘲諷、挖苦他，反而會讓彼此的關係變得更差。

總之，成功的恭維話應該讓被恭維者覺得你是真心誠意地在稱讚他，如此對方自然會樂意地收下你的恭維，對促進人際關係也才有幫助。

懂得說話，更要懂得聽話

人與人只要有利害衝突存在，就永遠無法平等。有求於人時，你可能會不惜委屈自己；別人有求於你的時候，你也可能會趁機故作姿態。

說話是一門藝術。說話得好，可不費吹灰之力達成自己的目的，說得不好，可就說不定會因此搞得灰頭土臉。

直言不諱雖然是一種誠實的表現，但是什麼話都不懂掩飾，既是直率也是輕率，難免會得罪了人而不自知，事情自然不一定能成功。所以，適度地吹捧是有必要的。然而，吹捧要有技巧，因爲吹得過頭會讓人一聽就覺得很虛假，反倒會有反效果，吹得不夠或根本吹錯了方向，則不容易達到目的。

韓非子說：「凡說之務，在知飾所說之所矜，而滅其所恥。」

意思就是說，說服他人的首要任務，就是在於要懂得將對方所驕傲的事物裝飾得更爲華美，而完全不提會令對方羞愧的事。

這是一種攻心爲上的厚黑心理要領，吹捧對方驕傲的事物，可以讓對方感到興趣，同時慢慢打開心防。至於不提對方羞於啓齒的事物，則是表現一種尊重，不給對方有機會將心門關上，話語聽得入心，說服的機率便會大增。

既然懂得話該如何說，當然也要懂得話該如何聽。聽得出眞假，聽得出動機，才能不被人牽著鼻子走。

戰國時，齊國有一位大夫名叫鄒忌，人長得英俊挺拔，對自己的容貌也極有自信，相當引以爲傲。

有一天早晨，他穿好朝服，戴好帽子，對著鏡子端詳一番，雖然自己覺得相當滿意，但還是問了問他的妻子說：「我和城北徐公比較起來，誰長得英俊？」

妻子說：「你看來英俊極了，徐公怎麼比得上你呢？」

徐公是齊國出了名的美男子，鄒忌聽了妻子的話，雖然心花怒放，但還是不太敢相信自己眞的比徐公英俊，於是他又去問他的愛妾。

想不到，愛妾也回答說：「徐公怎能比得上你呢？」

鄒忌半信半疑，倒也不是想反駁妻子和寵妾的答案，只是有點不確定罷了。

第二天，鄒忌家中來了一位客人，鄒忌在言談之間又問了客人同樣的問題，客人說：「徐公哪有你這樣俊美呀！」

鄒忌雖然心底還有一絲懷疑，但既然大家都這麼說，那麼應該是不會有錯的了。結果，沒過幾天，徐公正巧來到鄒忌家裡拜訪，鄒忌便乘機仔細地打量徐公，結果發現自己實在比不過徐公。

這個發現讓他感到有點挫折，但是更大的成分是不解，既然徐公事實上是勝過自己，那為什麼妻子、愛妾，甚至於上門的訪客，都說了相反的話呢？

他仔細地想了很久，終於明白其中的緣由：「原來妻子說我英俊，是因為偏愛我；愛妾說我英俊，是因為懼怕我；客人說我英俊，是因為有求於我。其實，我根本沒有徐公漂亮啊！」

面對別人的指責，我們要虛心受教、認真檢討，而面對別人的稱讚，則不可全盤接受，得意忘形。

就如鄒忌，當他聽到別人的稱讚，心中雖然高興，但認眞地觀察之後，知道其實人外有人、天外有人，如果就此遭人蒙蔽，必定就如此沈緬在自己編織的幻想之中，無法自拔。這樣一來，豈不就像那個沒穿衣服的國王，自以爲是的結果，卻成了全國的笑柄。

人人應該生而平等，但是人與人之間只要有利害衝突存在，就永遠無法平等。有求於人時，你可能會不惜委屈自己；別人有求於你的時候，你也可能會趁機故作姿態。那就像一種無形的協定，只要雙方達到目的就成了。

所以要記住，你如何待人，人必如何待你；你拍人馬屁，別人也會拍你馬屁；你給人臉色看，別人也不會放過你。

他為何願意拍你的馬屁？

人人都知道拍馬屁不好，然而，一旦馬屁拍到自己身上，要拒絕可真不容易，因為這些人都是專揀最好聽的話，針對你的優點來誇獎你。

每一個領導者身邊，總難免會有幾個愛拍馬屁、專門阿諛奉承的人。表面化的討好，通常容易識別，但也有一些手段高明的人，會使你在不知不覺中就接受了他的吹捧，上了他的圈套，渾身飄飄然。

例如，在一次檢討會議上，一個下屬站了起來，說要對主管的一個嚴重缺點進行批評，全場的氣氛一下子被他弄得緊張起來，因爲這種會議一向都是照本宣科，從沒有人當眞過。

只聽這個下屬說：「主管的最大缺點是一工作起來就廢寢忘食，不會好好愛惜自己的身體。」

天啊，這樣的缺點誰不愛聽？

不用說，這個主管聽了不禁笑瞇瞇的，而這個高明的馬屁精目的也自然達到了。

可是，眞正心中有數的領導人都明白，這樣的話事實上是一顆裹著糖衣的毒藥。因此，他們對這樣精於馬屁術的人採取的對策就是一笑置之，或者乾脆不用。

日本住友銀行有一次招考新行員，總裁崛團出了一道考題：當住友銀行的利益與國家的利益發生衝突時，身爲公司的一員當如何辦？

許多應考者都回答道：「當然是爲住友的利益著想。」

另有一些人答：「應該先爲國家的利益考慮。」

此外，還有另外不同的答案：「當國家利益和住友利益不能同時兼顧時，我們就不要染指。」

結果，崛團錄取了做第三種回答的人，因爲他認爲這種回答有遠見卓識。至於回答以住友利益爲重的，顯然是出於「拍馬和討好」的考慮，而回答第二種者，又未免過於迂腐。

另外，還有一則流傳甚廣的笑話說，有個人在自己的老師面前表示，他準備了一百頂「高帽子」要送人。

老師聽後極為不悅，責備說：「你是讀聖賢書的人，怎麼能做這種不正當的事呢？」

學生一見老師不高興了，趕忙見風轉舵，欠身說：「要是世界上的人，個個都像老師您一樣清正、剛直就好了，我也就用不著走這邪門歪道了，可惜這樣的人天下有幾個呢？」

言畢，學生抬頭看看老師的臉色，發現老師的態度已經緩和愉快多了，於是對老師說：「我的高帽子又送出去一頂了。」

這個故事說明，人人都知道拍馬屁不好，然而，一旦馬屁拍到自己身上，要拒絕可真不容易，因為這些人都是專揀最好聽的話，針對你的優點來誇獎你。

那麼，面對這些人，你該怎麼辦呢？

首先要明白的一點是，這種人之所以願意拍你的馬屁，是因為他看中了你手中的權力，對你有所求，而且，這個「所求」又不是那麼光明正大，或是他不應該得到的，所以他才會極力來討好和巴結你，揣摩你的心思來博取你的歡心。

其次是，你要養成多聽反面意見的習慣，一聽到讚揚的話，就要心生警惕，謹防對方藉此換取什麼好處。你也可以採取置若罔聞的方法，讓那些好話儘管說，你都不放到耳朵裡去。

總之，對於那些善於逢迎拍馬之輩、善於窺視和揣測別人心思的人，你要十分警惕，他們對你的媚諂不是出於他們的眞心，而是羨慕你手中的權力，對他們一定不可太過信任。

厚黑智典

對人最有幫助的莫過於良師益友，世間最有害的，莫過於狐朋狗黨。

——印度作家瓦魯瓦爾

如何對待愛刁難部下的下屬

面對這種愛刁難人的部屬，你應該找機會讓他嚐嚐苦頭，他才有可能改變，認真確實地為自己辦好交付的事項。

有些身爲中層幹部的下屬什麼都好，就是有一個壞習慣，對人十分挑剔，尤其喜歡刁難自己的下屬。

說他錯，又不完全錯，因爲他確實是在權力範圍內行事，而且也沒有違反規章制度。說他對，又顯得不近人情，因爲他對手下一點都不通情達理。

面對這種愛刁難人的部屬，你應該找機會讓他嚐嚐苦頭，他才有可能改變，認眞確實地爲自己辦好交付的事項。

斯特是一家公司的一個小主管，他在技術方面非常熟練，但有一個很大的缺點，就是對於下屬所提的要求，哪怕是合理的，也要刁難、耽擱。

有一次，一個下屬因身體不舒服要求請假，但斯特就是不准，對他說：「你忍耐一下，不就挺過去了。」

結果，導致這個下屬因延誤了治療時間而多花了不少冤枉錢，因此，部屬們對他很有意見，並向公司的總經理反映他的行為。

總經理瞭解後，覺得斯特有點過分，於是準備找個機會教訓他一下。

機會終於來了。有一天，斯特駕駛公司的車子出外，在路上，卻因為不小心而撞傷路人，被員警拘留，員警要他立即拿出一大筆款項，作為傷者的醫療費用擔保和違規罰款。

本來，公司的車輛有保險，費用只要公司總經理簽個字，臨時支用一下就行。結果，斯特打電話到總經理秘書那兒，總經理知道後，卻一反平素關心下屬的常態，告訴秘書說：「妳跟斯特說，總經理正在參加一個非常重要的會議，不能受到打擾和脫身，請他忍耐一下，挺過去。」

於是，整整一個下午，可憐的斯特就只得待在拘留所裡，望眼欲穿地等待公司的人來。直到夜幕降臨，總經理總算簽字辦理這件事，斯特這才得以被釋放。

斯特回到公司瞭解整個情況後，再回憶秘書傳達總經理的「忍耐一下挺過去」的話，頓然醒悟，原來總經理不是不關懷他，而是有意讓他反省。

從此以後，他便完全改變自己，只要下屬提出的要求合情合理，他就會以最快的速度來辦理。

厚黑智典

判斷力就像是手錶，每個人的手錶時間不盡相同，但大家都相信自己的時間才是正確的。

——英國詩人波普

「以敵為師」沒什麼不好

用人的時候，千萬不要存有「敵我」意識，也不要老是顧守著自己的立場，一味地用狹隘的眼光去衡量一個人。

二次世界大戰結束後，美國的用人觀念不僅遠遠超過了敵我的界限，而且還超越了國家的界線。

當時，德國法西斯被打敗了，美國和蘇聯的軍隊都開進了德國本土。蘇聯進駐德國之後，忙著把德國的工廠、機器和各種設備，像搬家式地用火車一車又一車地運回本國，而美國人卻棋高一著，只是忙著到處網羅德國的科學家，並把他們帶去美國。

雖然，美國人知道這些人曾爲納粹德國製造了許多的先進武器，對盟軍造成很大的死傷和損失，但他們仍給這些「戰俘」各種非常優厚的條件，鼓勵和支持他們繼續從事科學研究。

正是因爲這種信任、這種胸襟，這些科學家爲美國戰後的科學技術事業發展做出了卓越貢獻。

反觀蘇聯，得到的卻是幾年後就變成一堆破銅爛鐵的東西，爲什麼？一是蘇聯沒有美國的這種戰略遠見；二是即使有，也不會放手大膽地使用這些「敵人的科學家」。殊不見，在「政治大整肅」時期，他們連自己培養的科學家都遭到迫害呢！

美國網羅德國科學家爲自己效力的例子，給我們的啓示是，用人的時候，千萬不要存有「敵我」意識，也不要老是顧守著自己的立場，一味地用狹隘的眼光去衡量一個人。

美國著名的管理學家彼得．杜拉克曾經說：「倘要所用的人沒有短處，結果是至多只是一個平凡的人，所謂樣樣皆能，必然欠缺多多。才幹越高的人，其缺點往往也是越明顯。有高峰必有深谷，誰也不可能是十項全能。」

的確，現實生活中，人往往瑕瑜互見，如果你能不拘一格地用那些有缺點和那些勇於探索、不怕犯錯誤的人，充分利用他們的優點，便會使他們感受到你的尊敬和信任。如此一來，他們在今後的工作中，也才會自我激發起創造性，努力創造更加突出的成績。

厚黑智典

如果一個新點子在開始之初，聽起來一點都不瘋狂，那這個點子鐵定毫無希望。

——愛因斯坦

敬業是最寶貴的資產

敬業是良好人際關係的基礎，而良好的人際關係又會幫助你獲得更大的業績，使你成為一位成功人士。

有的人充滿敬業精神，任何事情上司一交辦就廢寢忘食，日夜苦幹。但有的人則不然，需要經過培養和鍛鍊，才會激發敬業精神。

假如你缺乏敬業精神，就應趁年輕時強迫自己敬業，以認眞負責的態度做好每一件事情，經過一段時間的自我磨練，敬業就會成爲你的習慣。

把敬業變成了習慣，或許並不會爲你帶來立竿見影的好處，但可以肯定，把「不敬業」當成習慣的人，成就絕對有限。

因爲，他懶惰、鬆散、毫無責任感的態度，已經深入到他的內心意念，做任何事都會有「隨便做一做」的直接反應，結果可想而知。

如果到了中年，做事還是如此馬馬虎虎，一生的境況還能好到哪裡去？

因此，從短期來看，「敬業」是爲了對雇主有所交代，但是，從長期來看，其實是爲了自己日後預作準備！

敬業的人會爲自己帶來許多好處：

——容易受人尊重，就算工作成效不怎麼突出，別人也不會去挑剔，甚至還會受到你的影響。

——容易受到提拔，老闆或主管都喜歡敬業的人，因為這樣他們可以減輕工作壓力，你越敬業，他當然越高興。

日本作家島川男曾經勉勵世人說：「人本來就是必須接受磨練，才能變得更加成熟，更能成長。」

在這個「裁員滾滾」的年代，你千萬不要對目前的工作敷衍了事，更不要因爲不喜歡現在的工作就得過且過混日子。

應該趁此機會磨練、鍛造自己，培養自己的敬業精神，因爲你日後就會體會到，這將是你的一筆寶貴的資產。

必須記住，敬業是良好人際關係的基礎，而良好的人際關係又會幫助你獲得更大的業績，使你成爲一位成功人士。

厚黑智典

別往後看，那既無法讓你回到過去，也不能滿足你的白日夢。你的責任、報酬和命運，都取決於此時此刻。

——哈瑪紹

你的主管只是一台影印機？

複印本型的人就是缺乏這種創新能力，一旦你選擇這種人當主管，就註定自己的事業將會落後別人好幾倍，而且差距會越拉越大。

一個精明的領導人，絕對不要選「複印本型」的人做主管，他非但無法完成你交付的重要使命，還會拖垮整個團體。

因爲，這類人對自己的上司唯命是從，以上司的是非爲是非，從平時的生活到工作的言行都以上司爲範本，既沒有自己的主見，又沒有自己的風格。沒有現成的模型，他就什麼都做不成。

這類人簡直是別人的複印本，往往不會有創造性的表現，對於新事物、新觀點也接受得很慢，有時甚至毫無反應。

這種人墨守成規，實際情況發生變化時，他不知道靈活應變，只會搬出過去的經歷，試圖從中尋找根據。

世界上的事物往往瞬息萬變，但這種人總是習慣「以不變應萬變」，因此，他們根本難以面對新情況、新問題。

而且，這種人缺乏遠見，也沒有多少潛力可以發揮，發展受到相當大的侷限，很難加以超越這個侷限。

複印本終究沒有原本清晰，這種人即使被選爲接班人，最多只能做到東施效顰的地步，將公司的發展大任交給這類人操控，很難出現突破性的進展，甚至很快就喪失競爭優勢。

儘管有不少愛慕虛榮的上司，樂於見到自己成爲下屬模仿的對象，而對這類人勉勵有加，不斷地拔擢，但是，眞正想在事業上有所作爲的領導者，是絕不會選這種人作爲主管的。

當今時代是一個十倍速變化的劇烈競爭世界，管理經營的手法、方針也需要隨時隨地改變。

但是，複印本型的人就是缺乏這種創新能力，一旦你選擇這種人當主管，就註定自己的事業將會落後別人好幾倍，而且差距會越拉越大。

到時候，你只能等著承擔失敗的苦果。

厚黑智典

一個普通人只能做出規規矩矩的東西，只有非凡的天才，才能創造出新事物。

——法國文豪雨果

充分授權給你信任的下屬

責任和權力是一對不可分離的孿生兄弟，領導人要使部下對工作負責，就得給他應有的權力，這不僅是對他的信任和尊重，更是讓他開展工作的主要條件。

權力就像一條河流，不向下流動就會變成一潭死水。

任何一個企業都有一定的組織架構，不同層級有不同的領導層。但，不論如何，在每個領導層中都要職務、職責、權力三者統一，使具有一定能力的人擔任相應的職務。同時，對這一個職務還要有相應的責任，並賦予相應的權力。

企業的領導者，能否集思廣益，激發每一位下屬的積極性，關鍵就在於能否放手使用他們，能否充分授權，讓下屬們有權、有職、有責。

如果讓下屬們能感到你放手讓他們工作，讓他們在權力範圍內自主地解決問題，就會激發他們對公司的責任感。

日本最大電器企業松下公司的創建者松下幸之助認爲，個人的才幹與能量都是有限的，只有讓每個人各司其職，充分施展才能，公司的管理才能健全運轉。因此，從創業之初，他就對所屬部門進行授權，把公司的管理按適當的規劃，分爲一個個相對獨立的事業部。

松下幸之助說：「公司繁榮時期，主持者應默默坐著，不要干預下面的工作。當遇到困難時，主持者便應親自指揮一切！」

正因爲如此，松下公司的上上下下都能明確自己的職責並努力工作。

要使一個人的才能得到充分發揮，還必須具有一定的條件，如手中有一定的權力、一定的資金……等。因此，對於有才幹的下屬，要想充分發揮他的才能，你就必須充分授權。

美國的ＩＢＭ公司就認爲，責任和權力是一對不可分離的孿生兄弟，領導人要使部下對工作負責，就得給他應有的權力，這不僅是對他的信任和尊重，更是讓他開展工作的主要條件。

如果領導人做不到這一點，不給部屬任何處事的權力和自由，對他所辦的事情總愛綁手綁腳，你的部下得不到信任之餘，就會變得唯唯諾諾，缺乏工作的主動性和創造性。

因此，在IBM公司，各級都明確地有責有權，上級對下級範圍內的工作和權力從不妄加干涉。

當然，如果上級看到下級在工作中已經犯了明顯的錯誤，特別是這些錯誤可能給公司造成重大損失時，自然不能坐視不管，而要及時地加以指出，幫助他走上正軌，避免蒙受更大的損失，這一點跟充分信任與授權並不矛盾。

厚黑智典

人要學走路，也要學會摔跤，而且只有經過摔跤，他才能學會走路。

——馬克思

讓腦袋決定位置

功勞與才華是不能混為一談的，其實，兩者之間的區別在日常生活中隨處可見，譬如，戰鬥英雄不等於將軍，勞動楷模不等於企業家，技術高手不等於管理者。

日本經營之神松下幸之助的用人原則是「量材錄用」。意思就是選擇適當的人才，安排適當的位置。他認爲如果能這樣，人盡其才就不難實現，公司也自然會走向興盛之路。

他認爲，用人只要有了六〇%的把握，就可以啓用他，因爲一〇〇%的好事是幾乎沒有的。

但是，原則只是原則，在具體的實踐過程中卻仍有不少困難。譬如有些人，表面上看來能言善道，大道理一條接一條，一旦委以重任，卻無令人滿意的表現。而另一些人，平時似乎缺點不少，也不討上司喜歡，一旦派上用場，則令人刮目相看。

為了能更有效地避免用人過程中的錯誤選擇，朝著量材錄用、人盡其才的方向努力，在用人方面還應規定更為詳細的、易於操作的人事制度。

在這方面，松下幸之助做了許多有益的、成功的嘗試，為我們留下了不少值得借鑑的寶貴經驗。

經驗之一：對有功的人應頒給獎金，而不是地位；地位只可以頒給那些具有相稱管理才華的人才。

功勞與才華是不能混為一談的，其實，兩者之間的區別在日常生活中隨處可見，只不過我們沒有加以深究而已。

譬如，戰鬥英雄不等於將軍，勞動楷模不等於企業家，技術高手不等於管理者。

松下幸之助認為，只有一種情況除外，就是有功勞的人，同時又具有才華，這種人才能既頒發獎金，又給予和他的才華相稱的權力和地位，否則，就是天大的錯誤。因此，他強調說：「讓一個有功勞的人，留在一個重要的職務上，也同樣是一種錯誤。」

經驗之二：經營者應以員工的才能作為職位選定的主要標準，資歷是次要的。

員工職位的晉升，是人事管理上的一個重要課題，不同的企業有不同的做法，但不管細節如何，總是從才能、資歷、和業績三個方面來考慮的。如果三者一致，則晉升某個員工的決定就很容易做出。但是，更多的時候卻是三者不一致，經營者面對這種情況應如何處置呢？

松下幸之助說：「在理論上，把員工的才能做為職位提升的依據是恰當的，但是，在實行這種量材錄用制度時，往往會受到很多傳統觀念的牽制和阻撓。所以在擢升年輕人時，要特別重視年長者的態度，但又不能因為年長者的妒忌而不敢使用年輕人。」

如果兩人的才能優劣不明顯，就應以年資和業績來擢升員工。這樣不僅可以鼓勵員工長期在公司服務，同時也能刺激員工的工作熱情。提升職位在某種意義上也是對員工努力工作的一種肯定和獎勵，所以，重視年資和業績應成爲公司人事政策的重要內容。

松下幸之助甚至說過：「在提升員工時，審查標準的比率，我認為資歷應占七〇

%，才幹占三〇%較為合適。」

提拔過分年輕的人，往往會因爲他們經驗不足而鬧笑話，甚至於會挫傷所有年長者的積極性，這是很危險的。

經驗之三：只要有六〇%的把握，就可以提拔他。

能力與業績、資歷不同，後者是明擺著的事實，而能力則可能因各種條件的限制，不一定能完全表現出來。

松下幸之助說：「人的能力，六〇%也許可以一下子看得出來，但剩下的四〇%，不做做看就不能知道，所以得到六〇分，就算是及格了。」

不過，這個六〇%應該是正確的、可靠的，是從各個方面認眞考察後得出的結論。松下公司常按這個方法來選拔幹部。

松下幸之助說：「如果確信了某人六〇%的能力，便可試用較高的職務。其中這六〇%是判斷，其餘四〇%就是下賭注。」

因爲做事極少有第一次就非常正確的，有時被認爲是恰當的人選，成績並不理想。遇到這種情況，松下公司一般的做法，就是將他調到另一個崗位。

松下公司的許多幹部都是按這種方法選拔出來的，特別是提拔年輕幹部時，這個方法尤爲可行。

因爲年輕人彈性很大，可塑性強，剛提升的時候也許並不理想，由於公司的信任和支持，以及自身的不斷努力學習，在較短的時間內就成長爲不負衆望的領導人，將業務治理得有條不紊。

厚黑智典

愚蠢的堅持是缺乏思慮的產物。因為固執使得偉人也無事可做，還不如去關心投射在牆上的影子。

——愛默生

賺錢就如同順水行船

賺錢就如同順水行船，要看清風向和水勢，這樣船才會又穩又快，而賺錢更要看清行情、知道潮流，順流而下才能賺錢。

安妮是一位中年婦女，曾在紐約的一所大學攻讀文學，當時她被介紹給一位職業作家，協助這位作家編輯一些已撰寫完成的一系列故事。

儘管安妮沒有這方面的工作經驗，但是這位作家相信她具有編輯的靈感和直覺，所以決定讓她試一試，並且同意每三篇短篇小說付給安妮三千美元。

當安妮與作家編輯完一篇小說之後，內心不禁想道：「也許，我應該讓自己獲得更多的報酬。」

於是，安妮決定改變自己的工作安排，想要將以前按件計酬的方式，改成按時計酬，她向作家提出此事，並大聲抗議他如何利用她的廉價勞力。

作家說，假如安妮能精確地計算出自己的工作時數，他願意每個小時付給安妮二十五美元。安妮感到很滿意，因為她從來都沒得到過這麼好的待遇，於是，她開始編輯另一篇小說。

然而，不久她終於發現，扣除自己的吃飯時間，以及每個小時十五分鐘的抽煙休息時間，她眞正用於編輯小說的時間居然不多，像是第二篇小說，她只有用十個小時編輯，因此這篇小說所得到的報酬只有二百五十美元。安妮這時才發現，自己的小聰明只不過是搬石頭砸自己的腳。

她與作家重新談判，衝著作家大聲嚷嚷，指出由於按時間計算報酬，他們之間變得斤斤計較，失去原來的信任感，她更想恢復原來的計酬方式。

然而，作家卻說：「我沒有失去那份信任，我一直把它放在心裡，如果妳失去了，那麼妳就應該自己把它找回來。更確切地講，這件事對妳來說從來談不上信任，妳的反覆改變只是爲了想得到更多的錢。」

隨後，作家讓她走了，而安妮再一次失業了。

這則故事說明了，不要對錢的問題太在過意，因爲眞正重要的是，你是否知道如何賺錢和花錢。

賺錢就如同順水行船，要看清風向和水勢，這樣船才會又穩又快，而賺錢更要看清行情、知道潮流，順流而下才能賺錢。

厚黑智典

很多人在人際網路迷失了方向或猶豫不前，其實只要把焦點放在別人的需求上，並且奉行速度及借力使力兩大原則就可以了。

——弗瑞德．史密斯

7 PART

為自己營造聲勢，就能創造優勢

人為即是天意，無論是陳勝、趙匡胤，還是歷史上其他風雲人物，都是靠著自己營造聲勢而領盡一時風騷。

為自己營造聲勢，就能創造優勢

人為即是天意，無論是陳勝、趙匡胤，還是歷史上其他風雲人物，都是靠著自己營造聲勢而領盡一時風騷。

與其等待命中注定的天意，不如創造有利於己的情勢。

陳勝、吳廣押解人犯至邊境，結果因爲誤期可能被處斬，心想反正是死路一條，便計劃舉兵起義，然而對於秦王嬴政的餘威，他們仍然頗爲忌憚。

兩個人想了又想，便想出了一個計謀，在夜裡躲在營地周圍，然後學狐狸的鳴叫聲喊叫：「大楚興，陳勝王。」

從此，陳勝開始引人注目，經常有人指著他的背影低聲耳語，接著他們又將小布條塞進魚肚，上面寫著「陳勝理應順天意而爲王」等字，並偷偷混在市集的魚貨中，讓廚師買回去。廚師剖開魚腹時，發現裡面的布條不禁大吃一驚。事情傳開後，衆人將之前的夜半之聲兩相聯繫，個個都驚訝不已，讓陳勝的號召力立即暴增。

後來，陳勝和吳廣揭竿而起，振臂高呼：「王侯將相，寧有種乎？」

民衆紛紛響應之下，開啓了中國史上第一樁農民起義。

相似的謀略，也發生在五代末年，趙匡胤發動了陳橋兵變，黃袍加身，讓部屬們擁立他爲皇帝。當時，趙匡胤還裝模作樣推讓一番，不肯答應，最後才在衆將的「懇求」下勉強答應，做了皇帝。

人爲即是天意，畢竟眞正能改變自己未來命運的人，還是我們自己。無論是陳勝、趙匡胤，還是歷史上其他風雲人物，都是靠著自己營造聲勢而領盡一時風騷。這些例子都告訴我們，機會就在自己手中，每個人都可以爲自己創造「天賜奇蹟」。

厚黑智典

如果我懷疑有人稍微有點不老實，我便會調出他的支出報告來看。支出報告就像測謊器一樣，可以檢驗出他是否靠得住。

——馬克·麥考梅克

讓對手摸不清頭緒，就能達成目的

只要能以智取勝，想出借力使力，或讓對方鬆懈心防的方法，很多時候，不需費太多力氣，便能輕鬆達到自己期望的目標。

「聲東擊西，攻其不備」是兩軍交鋒之時，運用得最廣泛的戰術。這個戰術的要訣在於放出風聲或製造假象，鬆懈對方的戒心，然後在儲蓄實力之後，給毫無防備的對手致命一擊。

唐高宗時，吐蕃在青藏高原崛起，勢力日漸強大，威令西突厥歸附，打算共同吞併吐谷渾。

唐朝干預吐蕃的吞併活動，導致雙方的和親關係破裂，隨後唐朝立即援助西突厥，並任酋長阿史那都支爲左驍衛將軍，要他與吐蕃脫離關係。

然而，阿史那都支表面上臣服唐朝，暗地裡卻仍然與吐蕃聯手，一起侵擾唐朝西境。當時，唐高宗想要發兵征討，吏部侍郎裴行儉對唐高宗說：「吐蕃目前非常強盛，西突厥也已經表示要與我朝修好，我們不便兩面用兵，不如趁著波斯國王去世，我們前去祝賀王子尼涅斯繼位的機會，在經過西突厥時趁機行事，或許可以讓他們不戰而降。」

唐高宗聽了之後，認爲這個方法不錯，遂命裴行儉爲全權使臣，率兵護送波斯王子尼涅斯回波斯繼位。

時值盛夏，裴行儉到達曾經任職過的西州，立即召集西州的豪傑子弟千餘人跟隨，還四處揚言說天氣實在太熱，不想急急遠行，希望等到天涼之後再啓程。

阿史那都支聽說裴行儉要在西州休息，而且要等天涼後才起程，便放下戒心，到處尋玩，消磨這個難熬的酷暑。

事實上，裴行儉並沒有眞的休息下來，他秘密召集西州四鎭的酋長，對他們說：「以前我在西州任職時，最喜歡外出打獵，現在我想重遊舊日獵場，不知有誰願意與我同行？」

當地人本以遊獵爲生，一聽到出遊打獵，個個都欣然應聲同行。於是，裴行儉精選其中的萬餘人馬，編成隊伍，以打獵爲掩飾，暗中加以操練，待時機成熟，便急令隊伍抄小路向西快速前進，到了阿史那都支的部落附近時，再派遣使者向阿史那都支問候一聲。

當阿史那都支看見唐使突然來到自己的營帳，異常驚慌，後來見使者安詳平和，沒有指斥他與吐蕃暗地勾結，更沒有要討伐的意思，這才放下心來。

由於阿史那都支的軍隊已經完全鬆懈，依當時的狀況，根本無法作戰，因此他決定虛情假意周旋一番，便親率領子弟親信五百餘人前去拜訪裴行儉。

裴行儉表面上表示歡迎，一等阿史那都支等人進入營帳後，伏兵立即從四處湧出，五百餘人被悉數拘禁。

裴行儉兵不血刃地擒獲了西突厥的酋長，輕鬆地將任務完成，隨即凱旋而歸，另派屬下送尼涅斯回波斯。

所謂兵不厭詐，技巧就在於以虛爲實、以實爲虛，讓對手摸不清頭緒，就能達成自己的目的。

裴行儉利用刻意製造出來的假象，讓叛服無常的阿史那都支鬆懈警戒，再捉準時機伺機而動，正是擊破敵方心防的絕佳方法。

以智取勝，是所有兵法中最好的方法，援用至現實生活中，當你無法直擊對手要害的時候，便要用機智與對方交手。

只要能以智取勝，想出借力使力，或讓對方鬆懈心防的方法，很多時候，不需費太多力氣，便能輕鬆達到自己期望的目標。

厚黑智典

如果你希望利用別人的知識來獲得資訊及增長見識，但同時你又堅持自己的想法，可能會使你對你的錯誤不以為意。——富蘭克林

先培養勇氣，再等待時機

空有時機而沒有深厚的實力，一切終究只是個「零」，在這種情況下強行運作，是不會有任何奇蹟的。

在自己的實力尚未充足之前，若急著想要領導他人，反而容易導致反效果。

西漢末年的王莽本是漢室外戚，受封爲新都侯，後來又出任大司馬掌理朝政，榮華富貴享用不盡，卻老想嚐一嚐當皇帝的滋味。

於是，他挖空心思，爲這場皇帝夢進行周密的準備。

爲了取信於民，獲得衆人的支援，他開始包裝自己，成爲一個禮賢下士的好宰相，並且塑造愛民如子、秉公執法形象。他還帶頭倡導簡樸生活，自己的兒子犯法時，也沒有枉法徇私，而是大義滅親。

種種舉動，果然讓許多人都相信，他是一個清正廉潔、愛民如子的好官，對他也產生了許多好感。

接著，他又玩起裝神弄鬼的把戲，命人偷偷在一塊石板上刻上「漢家江山應由王莽接任」等字。消息傳開之後，王莽還故意裝作無辜，上朝請罪，並發下重誓，說自己絕對無意奪取漢室江山。

這個風波輕鬆過去之後，人們對王莽更加看重。

那麼，奪權篡位的時候到底成熟了嗎？

經過了很長時間，王莽以爲時機已到，便弒君篡位、改朝稱帝，沒想到此舉，讓人民對他頓生反感，無論他先前做了多少「好事」，花了多少功夫包裝，人民仍然紛紛起身聲討。

加上王莽推行新政，法令繁苛，把國家治理得亂七八糟，弄得民不聊生、盜賊蜂起，更讓他有如過街老鼠，人人喊打，各地的反對勢力也逐漸聚集。

皇帝做得提心吊膽的他，終日寢食難安，不久內憂外困一併襲來，結果只當了十幾年毀譽參半的皇帝，便匆匆走下歷史舞台了。

空有時機而沒有深厚的實力，一切終究只是個「零」，在這種情況下強行運作，是不會有任何奇蹟的，就像滿腦子幻想卻又眼高手低的王莽一樣。

沒有人有永遠的運氣，更沒有人可以只靠包裝便能獲得成功。實力是根，包裝只是外在的枝葉，當暴風雨來襲，枝葉總是受不了風吹雨打而斷裂折損，如果樹根紮實，那麼大樹還能繼續成長，終有一天會重現繁茂。

然而，若是根沒有紮深，大風一吹便連根拔起，再美麗茂密的枝葉又有何用？

厚黑智典

成功的動力是對一切抱持成功的希望，在這個充滿競爭精神的社會，你會想去艱難的地方，跟競爭者短兵相接。

——理查．胡伯

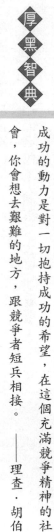

創造情勢，就能扭轉劣勢

懂得創造情勢能逆轉當前的劣勢，不但讓本身實力陡增，同時也讓對手變弱，這是在激烈的競爭中勝出的技巧之一。

活在這個馬善被騎、人善被欺的時代，過河拆橋其實不算卑鄙，投機取巧更不是小人的專利，如果你凡事只會死守著教條，腦袋不懂得轉彎，就永遠只會讓自己被人騎在頭上。

三國時，蜀吳兩國達成協議，準備聯手抗曹，孔明到江東幫忙佈陣應戰。

周瑜嫉妒孔明才識過人，故意要他三天之內造出二十萬枝雕翎箭，誤期則按軍令斬首，打算趁機除去心頭大患，誰知孔明卻胸有成竹地滿口答應。

就在第三日凌晨，孔明經由魯肅協助，在小船上紮起草人，趁著夜晚的霧氣划向對岸曹營，並令兵卒擂鼓助威。

曹兵眼見許多船隻臨近，船上人影幢幢，疑心敵人來攻，卻又礙於大霧出擊不便，只得站在岸上萬箭齊發，以阻敵軍來勢。

到了清晨，霧氣散去，草人上滿佈雕翎箭，諸葛亮這才命人掉轉船頭，回歸大營，成功地交卸了責任。

如果要用傳統的方式製造這三十萬枝箭，不要說是三天，就是二十天也造不完。諸葛亮也明白這一點，所以他藉霧氣掩護，擂鼓吹號，佯裝進攻，讓曹軍以為吳蜀聯軍發動夜襲而墜入他的圈套，更讓他輕鬆「製造」了三十萬枝箭。

戰國末期，秦國想一統天下，當時最有實力與秦國抗衡的就是趙國，秦國決定要派大軍進攻趙國，趙王大為驚慌，緊急派遣老將廉頗率兵抵敵。

老將廉頗經驗豐富，針對敵我虛實，採用消耗戰，不與秦軍作正面對抗，慢慢消磨秦軍銳氣。

秦軍雖然來勢洶洶，無奈勞軍襲遠，後繼無力，又碰上趙國軍隊的頑強抵抗，毫無戰勝良策，只好到趙國散播謠言說：「秦軍根本不怕廉頗，只怕趙括掛帥出征，趙括才是趙國最好的統帥。」

沒想到趙王輕信流言，不顧趙母的再三勸阻，撤回廉頗，改派只會紙上談兵的趙括前去督師禦敵。

毫無用兵經驗的趙括貿然出擊，導致趙軍在長平一戰慘敗，四十萬士兵被坑殺，自己也身首異處。

所以，懂得創造情勢能逆轉當前的劣勢，不但讓本身實力陡增，同時也讓對手變弱，這是在激烈的競爭中勝出的技巧之一，熟知如何運用訣竅，自然能使自己前程一片坦途。

厚黑智典

不管是個人或國家追求商業上的功成名就，只有同時發展出標準的行為準則：榮譽、勇氣，這才是件好事。

——羅斯福總統

用自信爭取你應得的權利

知道自己的價值在那裡，你就可以堅持自己的「交易價格」，只要你有信心保證品質，你就絕對有權利爭取屬於自己應得的價值。

尼采曾經說過：「我研究偉人，結果卻發現，過河拆橋是所有偉人都必須學會的一項心機工程。」

世間到處充滿著虛假和欺詐，裝出慈悲和善的臉孔，正是熟諳厚黑權術的人的拿手好戲，爲了達成目的，他們經常以最美麗的外表、最動人的言詞欺騙別人。

因此，不管做人或做事，都必須要有爲自己爭得權利的堅定信心和行動。

波姬絲是一家電視台的新聞主播，在這家電視台做了五年多，她的新聞節目被評爲當地的第一流節目，可是五年下來，卻沒有獲得應有的報酬。

三年前，當她與電視台重簽合約、談判時，電視台經理向她暗示，續簽合約是在照顧她，她應該感到幸運。

然而，她很清楚地聽出了經理話中的弦外之音：「妳隨時都可能被取代，不應該咄咄逼人。」

當她要求修改合約時，電視台經理大發雷霆，但是，她強烈地相信自己的價值，所以不願讓步。

這段時間，新聞部主任經常把她叫到辦公室裡，並對她的工作大聲指責，而且每次訓斥結束後，都會說：「把這個合約簽了吧！」

四個月過去了，波姬絲仍然毫不動搖，最後，電視台經理無計可施，不得不同意波姬絲提出的要求。

然而，就在她簽訂合約之前，她把合約拿去徵詢一位律師的意見，律師建議她最好在措辭上做幾處小小的改動，但當她回到電台，告知他們此事時，他們暴跳如雷，對著她咆哮著說，他們的忍耐力已經到了極點。

即使這樣，波姬絲也絲毫不讓步。

最終，電視台只好根據雙方都能接受的意見，對合約的措辭上進行修改，簽訂了一項爲期三年的合約。

對於這件事的過程，波姬絲說說：「如今，他們知道我是一個什麼樣的人，我說到做到，和我在一塊工作過的人都對我說，我應該要求比我眞正想要的更多。不過，我不會那樣，我要求他們給我提供必要的條件，而不想奢求其他錦上添花的條件，我只要求我應得的。」

知道自己的價值在那裡，你就可以堅持自己的「交易價格」，只要你有信心保證品質，你就絕對有權利爭取屬於自己應得的價值，就像波姬絲一樣。

厚黑智典

真相往往是一顆難以下嚥的苦藥，但是，無論如何，我們不能讓幻想像野草似地繼續生長。

——茨威格

冷靜是處理危機的第一步

當你還在後悔、還在怨嘆、還在喃喃自語「早知道……」的同時，別人可能已經在評估事情的嚴重性，並且完成了初步的分析。

危機不一定致命的打擊，端看你如何用智慧去處理。遇上同樣的事件，處理方式不同，結果也就會不同。

一九八八年，美國阿波羅航空公司一架波音七三七客機從檀香山起飛後不久，便發生爆炸意外。儘管機長採取斷然措施，緊急迫降，機上還是有一名空服小姐被強大的爆炸威力拋出機外，不幸身亡。

這起事故對飛機製造商波音公司造成巨大的壓力，不只同行趁機發難，連航空公司也將矛頭指向波音公司，要求他們承擔賠償責任，波音公司名譽因而大損。

然而，波音公司並沒有因此而慌了手腳，他們馬上成立緊急應變小組收拾善後，並著手調查事故發生的原因。

調查結果發現，這家飛機雖然是波音公司出品，卻已經飛行了二十年，起飛降落超過九萬次，遠遠大於飛機的安全係數，最後由於金屬疲勞引發爆炸，才發生了這件不幸的意外。

事後，波音公司展開了盛大的宣傳活動，設法令民眾了解事故發生的眞相，並引用數據再三強調公司飛機的品質與信譽。

經過鍥而不捨的努力，到了次年，訂購波音飛機的客戶非但沒有減少，反而增加了近一倍之多。

遇到危機，當你還在後悔、還在怨嘆、還在喃喃自語「早知道……」的同時，別人可能已經在評估事情的嚴重性，並且完成了初步的分析。

而當你手忙腳亂、四處搬救兵的時候，別人可能已經掌握了事情的脈絡，積極思索著因應對策。

等到你好不容易終於理出個頭緒，準備好要去面對時，別人早已圓滿處理完畢，連檢討大會都已經進行到一半了呢！

有沒有想過，自己爲什麼總是慢別人一步？

因爲，當你還束手無策時，別人的腦袋已經冷靜下來，並且搶先踏出了一步。

要記住，「冷靜」是所有危機處理的第一步！

厚黑智典

中文的「危機」一詞，由兩個字構成——一個字表示危險，另一個字表示機會。

——美國總統甘迺迪

不要被私慾薰昏了頭

做人做事不要有太多的刻意強求，因為任何刻意的強求，都會有一些必然的犧牲，而那些犧牲的反作用力隨時都會傷及自己。

身爲領導者，如果只爲了鑽營自己的利益，而不顧衆人的想法，就會弄得天怒人怨，使部屬紛紛背叛。

清朝末年，革命黨人在各地起義，要推翻封建王朝的專制統治，建立民主共和國，清政府爲了獲得苟延殘喘的機會，便想到了重新起用袁世凱。

之前，由於袁世凱兵權太大，權傾朝野，滿清統治者認爲這樣會危及自己的統治基礎，便把袁世凱罷官，讓他解甲歸田。

當袁世凱收到通知，一方面告稱自己腳疾加重，不方便行走，拖延入京覲見的日子，另一面又派人秘密聯絡手握重兵的門生，要他們按兵不動，任革命黨人的勢力自由發展，不要加以阻攔。

而後，他又上書說這種局面自己難以解決，需要更多的軍隊與權力才能剿平亂黨，藉此刁難清政府。清朝統治者早被四處湧竄的革命軍搞得焦頭爛額，好不容易找到救兵，也只能對他的要求言聽計從。

袁世凱這才從老家出發，先上京城接受官職，而後直赴前線，命令幾個親信率領軍隊嚴陣以待，自己則對革命黨人威逼利誘，並許下種種諾言，說自己可以說服清朝皇帝退位，實現民主體制。

革命黨人起義的目的無非就是要推翻專制統治，如今見手握軍政大權的袁世凱願意協助，自然喜出望外，便答應如果他能讓清朝皇帝退位，實行民主制度，那麼中華民國的大總統就讓他來做。

與革命軍達成協定的袁世凱內心一陣竊喜，急忙回京逼迫末代皇帝溥儀讓出帝位，事後革命黨人也履行諾言，把總統之位拱手送給了袁世凱。

問題是，當上總統的袁世凱掌握了權力，並不因此而滿足，為了當上皇帝，他慫恿屬下擁立，結果弄得天怒人怨，許多部下紛紛背叛，他也只做了六十三天的皇帝便遭到革命軍討伐，走到了窮途末路。

當袁世凱滿腦子皇帝夢，只看得見權力與慾望時，必然看不見漸漸近身的危險，更看不見即將遠去的機運。

這說明了做人做事不要有太多的刻意強求，因爲任何刻意的強求，都會有一些必然的犧牲，而那些犧牲的反作用力隨時都會傷及自己。

凡事知足，適可而止，不要讓私慾佔滿，否則再多的機會也會成爲一陣雲煙，風一吹便要消失。

厚黑智典

依據道德原則選擇「對」與「錯」，是相當容易的事。但是現實狀況常要求我們在既不是全「對」，也不是全「錯」的兩者之間做抉擇。

——普勒斯頓．湯利

避免碰壁，才能出人頭地

調整擇業期望值並不是要你放棄原有的夢想，而是讓你用自我調整的辦法，來逐步追尋夢想。

當一個畢業生踏出校園，或是一個上班族想要跳槽，根據自身條件和工作需求，確定了自己的目標之後，如何把握自己的擇業期望值，往往成為預定目標能否實現的重大關鍵。

所謂的擇業期望值，就是指一個人希望選擇的職業對自己在物質、精神上的需求滿足程度。例如，薪資收入和福利待遇如何，工作環境和條件怎樣，自己的興趣、能力、專長或抱負是否能得到適當的施展……等等。

一個人選擇職業的目標能否實現，除了個人才能、機遇等條件之外，主要決定於自己的擇業期望值高低。一般說來，每個人都希望獲得一分更能滿足自己物質生活和精神生活所需要的工作。

但是，要使這種需求變成可能，往往受到自身條件和客觀因素的制約，如果不能好好把握它，就可能會走向錯誤的方向。因此，把握擇業的期望值，從觀念上看來，應小心防止和克服下列幾種錯誤傾向：

一、圖虛榮的想法。

由於虛榮心作怪，有些人在選擇職業時，不考慮自己的專長，一心只想找一分讓人羨慕的工作，結果當然是會因與現實不符而失敗，就算僥倖被錄用了，也會讓自己的才能無法得到施展。

二、圖享受的想法。

對一般人而言，最具誘惑力的是優越的待遇與條件，但這也是最容易使人掉入擇業失敗區的原因之一。有的人只重視金錢多寡，在乎的是眼前的利益，不管這項工作是否有前瞻性或發展性，認爲只要錢多，做什麼都行。

這種只圖一時實惠和享受的想法，不僅不可取，也不實際，因此難免會碰壁。

三、圖安逸的想法。

害怕辛苦，不願從事繁重的工作，也是導致一些人出現擇業偏差的重要原因之一。俗話說得好：「有幾分耕耘，使有幾分收穫」，人生猶如一個競技場，不想付出辛苦的代價，便無法在職場出人頭地。

除了上述幾點應該小心防範的不正確觀念外，把握自己擇業的期望值，從方法上還應注意下兩點：

一、防止偏離自己的擇業目標。

擇業目標的確定要從自身的特點和社會的需要考慮，確定自己的擇業期望也應如此。如果偏離自己的興趣、專業特長和實際能力去選擇工作，那你不僅會失去自己的優勢，也會偏離自己的擇業目標。

二、不要把期望值訂得過高。

因爲，期望値過高很容易使自己陷入兩種困境：一種是由於超乎現實，讓你在擇業時屢遭失敗；另一種是雖然僥倖獲得，也會因自身能力不足，而無法勝任工作，而處於被動狀態。

如果你發現自己的擇業期望值眞的發生偏差或過高時，那就有必要稍稍調整一下。其實，調整擇業期望值並不是要你放棄原有的夢想，而是讓你用自我調整的辦法，來逐步追尋夢想。

應該確定一個總的期望值，再將它期望值分階段實施。

在實行過程中，如果發現自己所選擇的階段期望過高，就把它移作下一階段的期望目標。自我調整，就是自己對職業的希望，分成幾個不同層次，首先滿足主要的需求，然後根據實際情況依次進行必要的調整，直到個人意願與社會需求二者相吻合爲止。

厚黑智典

結盟已成為人際關係的新潮流，那些只忙著在自己四周築起高牆的人，很快就會被願意攜手合作以創造更有建設性環境的對手超越。

——史丹·拉普

適時冒險是成功的關鍵

創新和冒險是經營者成功的秘訣，運用得當能使自己受益無限，運用不當或不敢用，只會使自己故步自封。

美國企業界的經營哲學中，有一則金玉良言說：「如果你不能戰勝對手，那麼就加入他們其中。」

美國通用汽車公司是世界上首屈一指的汽車生產企業，規模之龐大是許多汽車同業無法比擬的。

一九八四年，通用汽車售出了八百三十萬輛車，銷售總額達八百三十九億美元，獲利四十五億美元。

但是，通用公司生產的汽車相當耗油，隨著世界石油危機的加劇，汽油價格不斷上漲，再加上世界汽車競爭日益激烈，以豪華型汽車爲主的通用公司，因爲價格昂貴，在激烈的市場競爭中連連敗北。

到一九九一年，通用公司負債居然達到三十億美元，直到史密斯出任通用公司董事長後，才爲公司帶來扭轉劣勢的新希望。

史密斯經過仔細斟酌之後，決心及時調整策略。他採取的第一個動作，就是迅速地「加入到他們中間去」。

經過談判，通用汽車公司與日本豐田公司簽訂協定，在加利福尼亞的分廠生產二十五萬輛「豐田」設計的轎車，然後以通用汽車旗下的「雪佛蘭」品牌在美國市場出售，所得利益由雙方均分。

豐田公司見大名鼎鼎的通用公司甘願拜倒自己腳下，自然萬分高興，然而，就在此時，通用汽車公司則暗地裡籌建自己的輕型車製造公司——農神公司。

爲了防止自己的傳統市場與「農神」未來的市場被日本汽車搶佔，通用汽車在「農神」正式上市之前便進行了試銷。

他們抓住時機，投資幾十億美元，籌建農神公司，當時他們採用了新穎的自動化設備，專門生產輕巧外型，耗油量小的小轎車，品質和價格與日本產品相差無幾，經過幾年努力，通用公司終於又在美國汽車市場中站穩了腳步。

通用公司充分利用了這暫時合作的策略，爲自己贏得了時間，更贏得了市場。所以，做生意和寫小說基本很相似，有好的構思是一篇小說成功的關鍵，做生意則要有好的策略，才能使自己的生意只賺不賠。

創新和冒險是經營者成功的秘訣，運用得當能使自己受益無限，運用不當或不敢用，只會使自己故步自封，無所發展，甚至被人吞併。

厚黑智典

許多先聖先哲教我們做人做事必須誠實，但一般來說，誠實不如欺騙能夠圖利。

——柏拉圖

8
PART

自作聰明，小心惹禍上身

人可以沒有大智慧，但是絕對不要亂耍小聰明，否則就會步上楊修的後塵，為自己招來禍害，死得不明不白。

要讓私心變得名正言順

愚者只顧一己的私心，不管別人的需求和觀感，終究只是井底之蛙的格局，過度膨脹就會把自己的肚皮撐破。

歷史上許多事例都證明了愚者與愚者的差別。愚者只顧自己的私心，最終引起衆人的反感而一敗塗地，但是，智者不僅知道自己的私心，也瞭解別人的私心，懂得爲衆人謀求利益，所以成就傲人功業。

春秋時代，鄭國君主鄭莊公和他的弟弟共叔段都是姜氏的兒子。由於姜氏生鄭莊公時差點難產致死，因此對於鄭莊公相當厭惡，一點也不關愛這個兒子，只疼愛小兒子共叔段，還幾度企圖密謀要讓鄭武公廢掉鄭莊公，改立共叔段爲太子。

爲了共叔段，姜氏千方百計向鄭武公討了京地，讓共叔段成起了「京城太叔」。

大臣祭仲對鄭莊公說：「都城超過了百里，將會是國家的禍害，如今京地超過了它本應有的限度，不合先祖的體制，你將來會無法控制的。」

鄭莊公便說：「你等著瞧吧！那小子多行不義，必會自取滅亡。」

後來，「京城太叔」共叔段，開始在京地周遭劃出屬於自己的地域。

鄭國大夫公子日對鄭莊公說：「假如您打算把鄭國送給共叔段，那我就侍奉他；您如果不甘心讓位於他，那麼請您讓我除掉他！」

鄭莊公淡淡地說：「用不著除掉他，他會自己惹禍上身的。」

只見企圖心日益壯大的共叔段，把原來劃出的地域正式收為自己所有。

大臣於封便警告鄭莊公：「土地廣大會得民心。」

鄭莊公卻仍然堅持：「共叔段多行不義，不能籠絡民心，會因此而垮台的。」

共叔段繼續修葺城牆，製造武器步車，計劃與姜氏裡應外合，襲擊鄭莊公。

鄭莊公聽到共叔段發動突襲的消息，連說：「太好了！」

於是，命令大隊人馬伐京，而京地的人民也背叛共叔段，紛紛臨陣倒戈，讓共叔段不得不倉皇逃走。

共叔段與姜氏二人目光短淺，只注意自己的小利，因而自取滅亡；鄭莊公則因胸懷大志，等待時機成熟，以正義之師出兵討伐，所以能一舉得勝，獲得人民愛戴。

所謂「人無私心，天誅地滅」，一般人爲了滿足自己的需要，或者是實現自己的理想願望，有時候難免會有私心或做出傷害他人的事。

但是，這樣的私心也有智愚的區別，可說是成敗的關鍵，領導者不可不慎。愚者只顧一己的私心，不管別人的需求和觀感，終究只是井底之蛙的格局，過度膨脹就會把自己的肚皮撐破。

唯有智者知道必須把自己的私心和衆人的利益結合，讓私心變得名正言順。當衆人的需求得到滿足後，自然自己也會得益，開創出一片全新的遠景。

厚黑智典

設法讓別人的鐮刀，心甘情願地割在你的麥穗上，是成功者必須具備的條件之一。

——賀拉斯

自作聰明，小心惹禍上身

人可以沒有大智慧，但是絕對不要亂耍小聰明，否則就會步上楊修的後塵，為自己招來禍害，死得不明不白。

在現實社會中，我們常常可以看到，有些人明明有才有識，但是他們越表現自己，大家就越要孤立他們，有機會的時候，還會設法扯扯後腿，這是因爲他們不懂得應有的處世哲學，只不過自作聰明的大傻瓜。

現代社會，除了金光黨之外，故意裝瘋賣傻的人少了很多，可是自作聰明的人卻仍然處處可見。這些自作聰明的人眞的聰明嗎？恐怕不見得吧！

東漢末年到三國鼎立這段期間，是一個人才輩出，彼此鬥智鬥力、比奸比詐的混亂時代，在亂世之秋，名列建安七子的楊修是曹操陣營裡的主簿，以思維敏捷、才華過人著稱。

有一回，曹操率領大軍在漢中迎戰劉備，雙方在漢水一帶對峙很久時，曹操由於長時間屯兵，已經到了進退兩難的處境。

有一天夜裡，大將夏侯惇入到主帥帳內請示夜間崗哨號令，曹操此時見晚餐中有根雞肋，有感而發，隨口說道：「雞肋！雞肋！」

於是，夏侯惇便把「雞肋」當作號令傳了出去。

行軍主簿楊修聽到後，隨即叫士兵們收拾行裝，準備撤軍事宜，夏侯惇感到奇怪，就把楊修叫到帳內詢問詳情。

楊修解釋道：「雞肋雞肋，棄之可惜，食之無味。如今的局勢是進不能勝，退恐人笑，屯駐在此處又有何益？不久丞相必定會下令班師。」

夏侯惇聽了之後非常佩服，營中各位將士便都打點起行李。

但是，當曹操得知這種情況之後，不禁勃然大怒，最後便以楊修造謠惑衆、擾亂軍心的罪名，把他處斬。

楊修的確猜中了曹操的心思，但是肆無忌憚耍弄小聰明的結果，卻爲自己惹來殺身之禍。試想，在兩軍對陣的非常時刻，曹操怎麼容得下楊修代他發號軍令？

人可以沒有大智慧，但是絕對不要亂耍小聰明，否則就會步上楊修的後塵，為自己招來禍害，死得不明不白。

當然，這並不是教你當個裝瘋賣傻的小丑，而是強調該聰明的時候要放聰明一點，不應該聰明的時候就要「沉默是金」。

裝瘋賣傻只是愚人的伎倆，或是在危急狀況下不得已而採用的手段，平時何必糟蹋自己去做這種事？

只是，有些事心裡知道就好，千萬不要為了顯示自己很聰明而說出來。

厚黑智典

理性的人會做出對他最適合或最有用的選擇。依照他的知識與能力，依照他既有的喜愛與偏好，做出最好的選擇。

——大衛．赫希萊弗

別輕忽生活中的每一個細節

只要你能多用一份心在生活中的每個地方，你就不會錯過或遺忘生活裡任何與你相關的人事物，做起事來，相對也會事半功倍。

很多人都會抱怨自己人際關係不好，或是不懂得做事的要領，以致做起事來曠日廢時，還頻頻遭到別人批評。

其實，這都是不用心所造成的結果。

威廉·麥金利是美國第二十四位總統，在待人處事方面，很有一套辦法。

比如說，麥金利的握手動作，就非常令人印象深刻，爲了避免右手在接見賓客和民衆時過度受到勞損，他發明了一種後來被稱作「麥金利式」的握手法。

當他走在迎賓隊伍前，會微笑並緊握對方的手，沒等對方用力握住他的手，他便熱情地緊緊一捏，然後用右手將這個人的手肘迅速地往前拉，在這同時，他也已經扮好對下一個來賓的微笑。

如此一來，他一次便與兩個人同時都打了招呼。

此外，麥金利的記憶力之好，更是廣為人知，許多民眾對他評價甚高。

有一回，他在安提坦戰場，等著為紀念碑舉行揭幕儀式時，忽然對著台下一位身穿藍衣服的老兵喊：「喂，好伙伴，上個月我在匹茲堡演講時看到你也在人群中，那確定是你沒錯吧？」

這位老兵完全沒想到，麥金利總統竟然會和他這個平凡的老兵打招呼，而且只是在眾人集會時看過一眼便記住了自己的長相。只見這位老兵又驚又喜，高興地回答：「是的，您還認得我啊！」

這就是麥金利總統成功的地方，也許好的記憶力不是人人都能具備，但是，只要能用心地待人接物，就會為自己的誠懇加分。

只要你能多用一份心在生活中的每個地方，你就不會錯過或遺忘生活裡任何與你相關的人事物，做起事來，相對也會事半功倍。

所以，別輕忽生活中的每一個大小細節，因爲，細節就是邁向成功的階梯，你必須通過每個細節才能步步高昇。

厚黑智典

如果擔心與害怕的情緒一直籠罩著你的舊腦袋，那麼你就會總是把事情往壞處猜，而不往好處想。

——史賓塞·強森

不要為了虛名而忘了自己的目的

「外寬」是為了把自己的事業做得更好，而不是為了虛有的稱譽，如果為了虛名而忘了目的，只會讓自己看不清真相，迷昏了頭腦。

身為一個領導者，在建立組織架構時，除了要能識人，懂得選拔合適的人才外，還要考慮如何用人，讓合適的人才發揮最大的能力。

領導者用人策略最好是要「外寬內合，用人以信」，對外親近寬容，對內則是強調組織的團結合作。

舉例而言，在三國尚未鼎足而立的後漢戰亂時代，袁紹曾經獨霸一方，軍事實力相當雄厚，最後造成失敗的原因採用「外寬內忌」的領導模式。

「外寬」的確能結合外在的力量，爭取更多的資源，不過對於自己部屬，他又過於嚴厲的猜忌與蔑視，終於使他民心大失。

袁紹當時是河北的大軍閥，割據一方，憑藉強大的軍事實力，在討伐董卓之時便躍居聯軍首領，因爲他有招才容賢的名聲，手下人才濟濟，其中有一位便是頗有學識的知名謀士田豐。

當劉備兵敗時，袁紹以「不失大義」之名將他收入旗下，當劉備另有所圖而以個人利益出發，提出意見勸袁紹討伐曹操時，袁紹也不假思索地點頭同意，然而就在此時，卻面臨田豐的挺身反對。

田豐認爲：「曹操的軍隊士氣方銳，未可輕敵，否則，恐怕出師不利。」

袁紹聽到這番勸諫，不但沒有冷靜思考大局，衡量敵我實力，反而認爲田豐懷疑自己的決定，在出兵之際還用這種助長敵人威風的話渙散軍心，一時勃然大怒，立即傳令要將田豐處斬。

所幸，在諸位大臣一再求情之下，袁紹才改而將他囚禁獄中。

後來，袁紹果然在官渡戰役大敗，回營之後將怒氣轉移到田豐身上，怪他出言不遜，出兵之前觸自己楣頭，於是賜他死罪。

袁紹收容猶如喪家之犬的劉備，對他言聽計從，外人看來雖然是雍容大度，但只是虛榮心作祟，想博得美名罷了。錯把「外寬」當成目的，而不是手段的運用，對部屬提出的建議不加以思索便斷然否決，終於使他伐曹大敗，從此離心離德。

「外寬」是爲了「內和」，爲了把自己的事業做得更好，而不是爲了虛有的稱譽，如果爲了虛名而忘了目的，只會讓自己看不清眞相，迷昏了頭腦；「內忌」則會使自己漸漸地失去人心，造成忠誠的部屬漸漸遠離自己。

再完善的組織也經不起這樣的挫折，就像袁紹把田豐等忠心部屬的勇於進諫當成別有用心，終於導致自己的滅亡。

厚黑智典

領導者最高明的統御辦法就是：帶領部屬去完成一個永遠都不可能實現的夢想。

——巴爾札克

用人不疑的領導態度

領導者在寬厚待人的同時，只要能用人不疑，給部屬充分的信任，自然能創造良好的工作條件，讓人才充分地發揮自己的聰明才幹。

要想成爲一個傑出的領導者，就必須嚴格地要求自己，做到寬厚待人、善於合作，增強團隊的凝聚力。

韓、趙、魏三家分晉之後，中國歷史進入戰國時期，各國之間的戰爭更加頻仍，連年不斷。有一年，魏國國君魏文侯決定派大臣樂羊率軍攻打中山國，問題是，樂羊的兒子樂舒當時正在中山國擔任重臣。

這個問題立即引起朝中大臣爭議，他們認爲，樂羊雖然善於佈兵打仗，但是這回卻是父子對立，樂羊恐怕不會全心全意爲國效忠。儘管朝中爭議頗多，魏文侯卻沒有改變主意，依然派樂羊帶兵出征。

樂羊抵達中山國後，決定用圍而不攻的戰略，消耗中山國的糧食和水源，因而一連好幾個月按兵不動，也不曾發動一兵一卒，朝中持反對意見的大臣見狀，紛紛上書魏文侯，要求撤換樂羊的職務。

然而，魏文侯只是一笑置之，當朝中罷免的聲浪高張時，魏文侯反而派遣專使帶著酒食、錢糧去慰問樂羊，並且犒賞軍隊，甚至當流言如火如荼之際，魏文侯竟然還賞賜了樂羊一所漂亮的別墅。

最後，樂羊終於按照原訂計劃攻克了中山國，凱旋歸國。

魏文侯當然非常高興，特意爲樂羊舉行了一場盛大的慶功宴，那些非議過樂羊的大臣們，個個都自覺慚愧，頻頻稱讚魏文侯的用人不疑。

宴會結束，魏文侯賞給樂羊一個密封的木箱，樂羊回到家後打開一看，發現裡頭不是金銀珠寶，而是滿滿一箱大臣們彈劾他的奏章。

樂羊這時才明白，如果不是魏文侯對他的信任，不要說攻打中山國的任務不能完成，恐怕連自己的性命也難保。

魏文侯是戰國初期的英明君主，流傳著許多諸如此類的故事，「用人不疑」的領導原則，使他能夠在大混戰的時代，率領魏國登上歷史舞台。

在樂羊伐中山國這個典故中，魏文侯的表現說明了身為一個領導者，必須要寬容大度，虛心採納部屬的意見，即使他的想法與自己不相符合，也應該仔細考慮，找到合理的解決辦法。此外，當部屬犯錯時，或執行的任務不順暢之時，也千萬不要落井下石，應該真心誠意地幫助他，找出錯誤的原因，進行修正。

領導者在寬厚待人的同時，只要能用人不疑，給部屬充分的信任，自然能創造良好的工作條件，讓人才充分地發揮自己的聰明才幹。

厚黑智典

證據顯示，當人類面對不確定性時，所有的決定和選擇，都只是在重複非理性、不一致性及無能而已。

——柏恩斯坦

領導者要有放手一搏的氣魄

身為一個領導者，應該讓部屬有良好的環境得以發揮才能，萬一遇到困境時，更應該「用人不疑」，堅持自己的判斷。

春秋五霸之一的秦穆公，曾留下一段用人不疑的歷史佳話。

秦穆公登上歷史舞台之時，正值秦晉爭霸的關鍵時刻，晉國國君驟然病逝，秦穆公想要藉這個機會強行越過晉國，消滅晉國的鄰國鄭國。

於是，秦穆公派孟明視、西乞術、白乙兩三位大將率軍出征，不料這個消息卻被晉軍截獲，於是晉軍趁機狙擊，反而讓秦軍全軍覆沒，三位大將們成爲戰俘。

晉國爲了趁機羞辱秦國，並沒有殺這三位大將，而是故意將他們放回秦國，請秦穆公自行處理。

秦國舉朝上下皆爲此事感到羞愧不已，三位主將也恨不得以死謝罪，但秦穆公卻身穿縞素，親自到郊外去迎接他們，並爲戰死的將士痛哭流涕，之後又向全國發佈了引咎自責的《秦誓》。

他說：「孟明視等人都是傑出的將領，因爲寡人做了錯誤的判斷，才導致如此巨大的慘敗，但勝敗乃兵家常事，我想將軍們一定會振作起來，爲國雪恥。」

這個動作果然奏效，孟明視等三位將領從此勤奮練兵，耐心地等待復仇的時機到來，好一雪恥辱。

誰知道，一年之後，孟明視等率領軍隊討伐晉國，卻依然慘敗，這種情況下，大臣們都認爲，不能再繼續任用這三個酒囊飯袋了。

然而，秦穆公卻不顧衆人反對，仍然讓他們位列將相，並幫助他們整頓軍政，這也讓孟明視等將領更加忠誠，誓言一定要報答秦穆公的知遇之恩，實現《秦誓》所言，爲國雪恥。

歷經三年的厲兵秣馬，孟明視三人再度率軍伐晉，這一戰秦軍勢如破竹，晉軍大敗潰逃，終於一雪國恥。

從秦穆公這個例子中，我們可以得知，身為一個領導者，除了應該有寬廣的胸懷，還要有高瞻遠矚的用人眼光，讓部屬有良好的環境得以發揮才能，萬一遇到困境時，更應該有「用人不疑」的氣度，堅持自己的判斷，與部屬同甘共苦。這樣一來，才能讓部屬產生「士為知己者死」的情緒，激發出必勝的決心和潛力，使工作得以順利推展。

厚黑智典

真正成功的人，就是能借助別人失敗的經驗，來讓自己學會更聰明地獲得成功。

——蘇格拉底

領導者要有自我反省能力

自我反省後的結論，必須徹底落實，才能發揮鞭策自己的力量，否則，不斷反省又不斷犯錯，只是流於形式，讓人覺得太虛偽、太肉麻了。

部屬的面子比領導者更爲重要，所以，對待部屬應當採取寬容的態度，允許他們勇於嘗試，並在他們出現失誤之後，設法保全他們的面子，重建他們的自信，這些是身爲領導的人應當具備的寬容胸襟。

漢武帝建立太平盛世之後，有一段時間沉迷於聲色犬馬，弄得國衰民貧，朝政荒廢無度。曾經大威遠播，後來卻落得如此蕭條衰敗、風雨飄搖的西漢王朝，幸虧漢武帝劉徹及時省悟而得以扭轉。他幾經深刻反省後，說：「自我即位以來，行事狂悖，愁苦了百姓，悔猶不及，今後凡傷害百姓、浪費資財的舉動，一律禁絕。」

接著，漢武帝又發佈「罷輪台屯田罪己詔」，自我批責說：「輪台在京師以西一千多里，要到那麼遠的地方去屯田，必然又要擾民，使得人民不能好好地休養生息，我不忍心這麼做。」

他宣佈，今後不再對外用兵，提出要「禁苛暴，止擅賦，務本勸勞」，要「思富養民，與民休息」。

漢武帝年少時雄才大略，文治武功鼎盛，晚年又能以極大的勇氣悔過罪己，痛改前非，的確是難能可貴的君主。

不過，也有統治者的罪己並不是出自眞心，所提出的改革措施也沒人敢去督察是否存在缺失，據說明朝的崇禎皇帝便是如此。

崇禎皇帝據傳是個很會自我批評的人，也習慣寫所謂的「罪己詔」，並將之公佈於衆，而且一次比一次「深刻」。然而，關於種種過失，他只是說說而已，根本沒有認眞想過要如何改進。

所以，當李自成大軍逼近京城之際，他再次寫下了最後一道對自己嚴辭切責的詔書之後，便懷揣著它爬上煤山，自縊而亡。兩天以後，人們在其衣袖內發現詔文，上面寫著：「因失江山，無面目見祖宗，不敢終於正寢。」

相較於崇禎走上亡國之路，漢武帝的及時省悟才是我們學習的典範吧！

從古自今，人們把皇帝的顏面叫作「龍顏」，現在也有人認爲領導者的面子比普通職員的面子更重要，這種封建時代的想法無疑是錯誤的。

領導者應該能夠以身作則，嚴以律己，才能發揮上行下效的效果，產生團體的凝聚力，偶爾檢討自己的錯誤，下一道對自己痛加切責的「詔書」，頗能有效地獲得員工的諒解與支持。

但是，這些自我反省後的結論，必須徹底落實，才能發揮鞭策自己的力量，否則，不斷反省又不斷犯錯，只是流於形式，讓人覺得太虛僞、太肉麻了。

厚黑智典

如果你為失敗經驗所付出的代價，不能使你換得成功和更高的報酬，那麼，你就徹底失敗了。

——格蘭森

隨時捉住市場的需求

平時多用心設想各種可能發生的狀況，當變故發生之時才不會手忙腳亂，犯下致命的錯誤而付出慘痛的代價。

很多人習慣把聰明和變通掛在嘴上，但是絲毫不知所謂的聰明，不是智力測驗所得到的成績，而是對事物的感受能力和理解能力；所謂的變通也不是毫無遠見的求新求變，而是看清事物本質所做的各種努力。

在現實社會中，唯有隨時捉緊社會需求，隨時扣緊生活脈動，才能不擔心跌倒，更能在跌倒前緊捉生命的新契機，看見生命更精采的一面。

日本阿托搬家公司的創始人寺田千代的丈夫原來是駕駛卡車的司機，然而中東戰火導致石油危機發生之後，運輸行業開始衰落，他也面臨了失業的命運。

有一天，寺田千代偶然在報紙上看到，有些家庭每年都要為搬家而支出大筆費用，這則消息給了她全新的靈感，鼓勵丈夫自行創業。

寺田千代和丈夫計劃成立了搬家公司之後，為了讓業務增加，首先想到了如何運用電話簿的功用。

因為，一般人想要尋找搬家，都會從電話號碼簿上查找搬家公司的電話號碼，而她也發現，日本的電話簿是按行業分類，同一行業再按日語字母排序。

因此，寺田千代巧妙地把自己的新公司命名為「阿托搬家中心」，這使得它在同行業的電話簿排列中排行首位，在顧客選擇搬家公司時佔有更高機率，接著她又選了一個既醒目又好記的電話號碼。

公司正式開張後，她開始為搬家技術進行了一系列的革新。

在大多是高樓公寓的日本，她設計了搬家專用的箱子和吊車，同時向顧客提供與搬家有關的服務配套，包括代辦清掃消毒、申請換裝電話、子女轉學及解決廢棄物等三百多項瑣碎事務。

此外，寺田千代還打破了「行李未到，家人先到」的搬家常規，將既無奈和煩人的搬家，變成了終生難忘的旅行。

她向歐洲最大的車廠巴爾國際公司，訂做了一台命名爲「廿一世紀之夢」的搬家專用車。這種車前半部分成上下兩層，下層是駕駛室和置物空間，上層是可以容納六個人的豪華客廳，裡面有舒適的沙發，嬰兒專用的搖籃，還裝有電視機、組合音響、電冰箱、電視遊戲器……等設施。

當這個新型搬家車在電視廣告中曝光後，預約搬家的客戶立刻蜂擁而至，使得客源方面無後顧之憂。

阿托搬家公司自一九七七年六月創辦以來，營業額年年增長，現在年營業額已達上百億日元，發展至今，分公司已遍及全國近四十個城市，甚至有美國和東南亞地區的企業前來購買它的搬家技術專利。

寺田千代後來也被評爲全日本最活躍的女企業家之一。

這個例子說明了，不管從事什麼行業，都難免面臨景氣的榮枯循環，在景氣好的時候要設法力爭上游、精益求精，在景氣陷入低迷的時候則必須懂得變通，才會遇上峰迴路轉的契機。

所以，經營者應該不斷就市場需求和消費習慣的變化，調整產品結構和經營戰略，並不斷地適應市場需要，才能使自己立於不敗之地。

走在人生的旅途上，應對進退的道理也是相同的，平時就必須多用心設想各種可能發生的狀況，如此一來，當變故發生之時才不會手忙腳亂，犯下致命的錯誤而付出慘痛的代價。

厚黑智典

我們追求的目標是，不只要比競爭者做得更好，還要把品質提升到煥然一新的境界，改變競爭情勢。

——傑克．威爾許

在不可能的地方挖出寶藏

只要你有先見之明和過人的膽量，詳細分析利害關係後，使用正確的方法，即使是荒涼的沙漠，也會有繁花盛開的榮景。

精明的商人在販售商品之前，首先要做的事情是先改變消費者的想法，然後在不可能的地方發掘出自己想要的寶藏。因爲一旦改變了消費者的想法，他們對商品的需求也會從此產生。

過去，美國的泰麥克斯手錶遠近馳名，在市場上幾乎每出售三只手錶，其中就有一只是泰麥克斯品牌手錶。

當許多人都以爲非洲市場人民貧困、購買力低下而不願涉足的時候，泰麥克斯的推銷員卻獨具慧眼，決心在那裡開闢手錶領地。

爲了開疆拓土，首先，泰麥克斯製造一種價格低廉的手錶，運用了一招堪稱出奇制勝的推銷方式。

所謂的「出奇制勝」，是指「拷打試驗」，根據當時的媒體報導：「泰麥克斯的推銷方式，簡直就像馬戲團吸引觀衆一樣。」

泰麥克斯派出的推銷員在造訪零售店之時，經常把錶猛地摔在牆上，或把它浸入水中，證明防震及防水性能，此外，泰麥克斯手錶也因廣告片的「拷打試驗」，在國外享有盛名。

廣告中，泰麥克斯把手錶拴在飛奔的馬尾上，從一百三十五英呎的高處投入水中，或把它綁在衝浪板上，或是水陸兩棲飛機的後面，經過種種折磨之後，人們可以看到，指針仍然繼續走動。

這種獨特的廣告宣傳和促銷方式，走到哪裡都大獲成功，公司就在這樣獨特的宣傳攻勢下攻佔非洲市場，到了一九六二年的十二月，泰麥克斯公司終於在非洲市場，賣出了第一只一萬美元的手錶。

以目前高度競爭的商業發展社會來看，想要創造消費者新的需求，就如同要挖掘金礦一樣，必須選擇新的市場或新的經營方式，才能讓企業異軍突起，並且持續保持領先的地位。

別人不願涉足的事業和有過失敗經驗的市場，並不見得就不能創造奇蹟，只要你有先見之明和過人的膽量，詳細分析利害關係後，使用正確的方法，即使是荒涼的沙漠，也會有繁花盛開的榮景。

厚黑智典

比競爭者更優秀的經營知識與技術，這種優勢是不長久的。但是，有比競爭者更優秀的認識、信念與態度，卻可保有長長久久的競爭力。

——威廉·道菲奈

9
PART

如何踩著同事的肩膀往上爬

你能不能踏著同事的肩膀順利往上爬，全看你是否平常就牢牢掌握了同事的心，這會影響到他們願不願意在關鍵時刻支援你，至少不要扯你的後腿。

善用誇獎，自能如願以償

拍馬屁不但不會讓對方開心，有時候還會取得適得其反的效果，讓人覺得噁心、虛偽。唯有真心誠意稱讚他人，才會為你帶來好處。

法國哲學家盧梭在《愛彌爾》裡寫道：「對別人表示關心和善意，比任何禮物都有效，比任何禮物對別人還要有更大的利益。」

這番話運用在部屬與上司的關係之中，也相當適用。能恰到好處地誇獎別人是一種卓越的領導技巧，有時僅是一句輕描淡寫的誇獎，就能給部屬彷彿春風拂面的愉悅感覺，甚至能使自己的目的如願以償。

人類都有渴望得到別人讚賞的天性，這正是我們之所以要稱讚別人的原因。稱讚別人不必用什麼華麗的言語，即使是用最平常的語言，也能有意想不到的效果。

對你來說，稱讚也許是再簡單不過的事，但卻能使別人愉快、振奮，甚至對方可能因為這句讚美而改變一生。

成功學大師卡耐基就很會誇獎別人，懂得如何利用誇獎使對方更加進步。

曾有一個例子是，卡耐基曾經有一位來自匹茲堡的學生，名叫比西奇，在課業方面的表現總是比別人差，因而對自己失望到了極點。終於有一天，他來到卡耐基的辦公室說：「卡耐基先生，我打算退學。」

「為什麼呢？」卡耐基問。

「因為我太笨了，無法學會你的課程。」比西奇難過地回答。

「可是，我並不這麼認為啊！我發現這半個月以來，你有很大的進步，而且在我的印象中，你始終是個相當勤奮的學生，怎麼可以隨隨便便提出退學呢？」卡耐基很認真地回答他。

「真的嗎？你確實是這麼認為嗎？」比西奇驚喜地問。

「真的。而且我認為照這樣努力下去，你一定能在結業時取得優異的成績。」

卡耐基繼續說：「我小時候，人們也都覺得我很笨，將來肯定不會有什麼出息，你比當年的我要好太多了！」

比西奇聽了卡耐基的話後，內心燃起了希望之火，也更加努力、勤奮地學習，最後果真在結業時拿到傲人的成績。

比西奇畢業後，在自己家鄉開了一間肉品工廠，卡耐基依然在他事業不順利的時候鼓勵和誇獎他。卡耐基在寫給他的信中說：「肉品工廠很不錯，很有發展前景，我相信只要你好好努力，一定會相當成功。」

比西奇從卡耐基的言語中受到莫大的鼓舞，同時他也將誇獎的技巧用到自己的員工身上，沒想到成效甚佳。在經濟大蕭條的年代裡，美國處處都面臨著危機，但是，比西奇的肉品工廠不但保住了自己原本的生意，而且還擴大了市場，這的確可以說是一件難得的奇蹟。

後來，比西奇回憶說，他的肉品工廠之所以沒有垮掉，原因就在於他運用卡耐基教導他的誇獎技巧，使整個工廠上下一心，才得以存活下來。

除此之外，稱讚也是一種重要的交際手段，可以運用在工作場合中的任何瑣事上。例如，當你看見一位女下屬或女同事穿了一件新衣服，就可以稱讚說：「妳穿這件衣服眞漂亮！」

如此一來，她可能就會因爲這一句話而一整天心情愉快。

參加公司舉辦的各項活動時，也可以對那些忙得不可開交的部屬誇獎道：「你們做得很好，辛苦了！」如此一來，對方就會感到自己的勞動得到別人的肯定，很樂意再貢獻自己的心力。

誇獎是一門藝術，巧妙的誇獎可以使別人和自己快樂，但誇獎絕對不是拍馬屁，若你將兩者視爲相同的東西，那麼你的稱讚不但不會讓對方開心，有時候還會適得其反，讓人覺得噁心、虛僞。

要記住，唯有眞心誠意的稱讚他人，才會爲你帶來好處。

懂得「是」的技巧才能達成目標

我們應該提出一個溫和的問題讓對方回答「是」，如此談話就能繼續，你也才有機會説服對方，讓對方接受你的看法。

世界上有不少善於言談的領導者，但說話有分寸的人卻不多，對領導者來說，言談得體、把握分寸是十分重要的。

言談得體的關鍵之一就是要使聽者高興，關鍵之二是不要只顧自己說話，關鍵之三是要引導別人有目的地談話。

和部屬或同事交談的時候，不要一開始就提出異議，要不斷強調你們共同的話題。不斷強調共同點是因為彼此都為共同的目標努力，而不是要彼此爭論，唯一的差異就只是方法或途徑的不同而已。

因此，當你們開始談話時，要儘量使對方說「是」，而不要使對方總是和你的態度相反，一味地說「不」。

一個懂得說話的人在和別人交談時，能一開始就得到「是」的反應，接著會把聽眾的心理引入肯定的方向。好像打撞球，如果從這個方向打，它便會往那個方向偏，而你要想使它反彈回來，就得花更大的精力。

這種心理反應是很明顯的。當一個人說「不」時，整個身體如內分泌、肌肉、神經等等，完全是呈現一種拒絕接受的狀態，優秀的領導者能看出對方的身體產生一種收縮或即將收縮的情況。

但是，當一個人說「是」的時候，卻與上述的反應相反，他的心理、神經、肌肉都不會有緊張的反應，整個人都呈現前進、接受和開放的狀態，唯有這樣，領導者的言行才能被別人接受。

因此，領導者在談話時，部屬回答越多「是」，越能達到談話的目的。

善用這種「是」的方式，能輕易說服別人，並讓對方樂意地接受你的觀點。如果對方能從一開始就保持說「是」，談話就不易產生爭執，也就不用費盡唇舌地去說服對方接受自己的意見了。

「雅典的牛蠅」蘇格拉底是個口齒伶俐的老頑童，可是他徹底地改變了人們的思想，還被稱爲卓越的演說家之一。他的方法是什麼呢？他是否對別人說他們錯了，而拚命糾正對方的想法呢？

其實剛好相反，他的方法就是善用「是」的技巧，先得到對方「是」的回答，然後他就能提出一個接一個的問題。

因此，聰明的領導者想說服別人的時候，不要忘了連大哲學家蘇格拉底也使用的技巧，應該提出一個溫和的問題讓對方回答「是」，如此談話就能繼續，也才有機會說服對方，讓對方接受你的看法。

唯有愚蠢的領導人才不懂得變通，而老讓對方說「不」，如此，自己的看法永遠也無法傳達出去，自然也就無法領導別人了。

如何輔導小錯不斷的下屬

有些企業的經理在解雇員工時總有一種心理，擔心他們會到處造謠，毀謗自己，因而對於這些小錯不斷的下屬，總是姑息縱容，遲遲不願下手。

管理者最重要的任務，就在於安善運用每一個人的才幹，以一當十，以十當百。有些下屬大錯不犯，但小錯不斷，要說他沒有才幹，他又有一些成績，要講他合適，他又經常給公司造成一些不大不小的損失。

這樣的人，其實最讓領導者頭痛。解雇他們，並不太妥當，繼續用他們，似乎又不好。那該怎麼辦呢？

某公司的一名業務員自恃功勞甚大，有很大的銷售業績，無人可比，就時常違犯一些公司的規定和紀律，例如，定期召開的業務員會議，他即使沒出差也經常無緣無故不參加，還經常帶自己的小孩到辦公室來，把公司當成遊樂場。

經理忍無可忍，一氣之下來了個「揮淚斬馬謖」。可是，這位經理在解雇這名業務員時犯了一個錯誤，太過於衝動草率的結果，使得原有的幾十家客戶紛紛流失，導致公司蒙受了重大損失。

想要解雇這樣的員工，絕不能草率行事。在解雇之前，不妨先教育和告誡他，即使最後還是決定要解雇，也一定得向密切往來的客戶說明原委，如此才不至於陷入「趕走了和尚，帶走了香客」的不利局面。

當然，不稱職的下屬，並不全是一些違反公司紀律和規定，或把上司講話當耳邊風的人，也有一些是誠實肯幹，但礙於自身的素質或是適應能力等因素，而不適合於某個職位。在這種情況下，你就不應解雇他們，只要想辦法把他們調到不重要的崗位就行了。

有些企業的經理在解雇員工時總有一種心理，擔心他們會到處造謠，毀謗自己，因而對於這些小錯不斷的下屬，總是姑息縱容，遲遲不願下手。

你應該意識到，這樣的員工雖然不會犯大錯誤，但他對公司的影響卻是負面的，就像中國的一句俗語：「一粒老鼠屎搞壞一鍋湯」，因此，一定要及時加以解決或處理，或迅速調離崗位，或加以撤職。

當然，對於一些偶爾違反規定、犯點小錯誤的人，在採取行動之前，還是要先加以提醒和教育，在教育無效之時，才按公司的法規和制度來辦事，讓他走人。

厚黑智典

所謂的失敗，就是一個人出了紕漏，卻沒能從經驗中學到教訓。

——美國商人賀柏德

如何踩著同事的肩膀往上爬

你能不能踏著同事的肩膀順利往上爬，全看你是否平常就牢牢掌握了同事的心，這會影響到他們願不願意在關鍵時刻支援你，至少不要扯你的後腿。

科學家牛頓曾經說過：「如果我比笛卡爾看得遠，那是因為我站在巨人的肩膀上的緣故。」

在一家公司或一個團體裡工作，想要順利獲得晉升，你也必須站在同事的肩膀上。首先要瞭解自己目前所處的地位，還要處理好上司、部屬與同事這三者之間的人際關係，並想辦法牢牢掌握部屬和上司的心。

最重要的是，你一定要摸清楚同事們的工作狀況和生活情形，瞭解他們的興趣和願望，和他們保持和諧的關係，才能借力使力，讓自己順著這條管道，比他們更快獲得升遷。

一般而言，同事是指和自己職位相等的人，比普通只是在一起工作的人還要親密的工作夥伴。在公司部門裡，特別是在晉升機會較少的部門，每當有職位出缺，就有許多競爭者爲了晉升而勾心鬥角，擠得頭破血流，從來不會靜下心來思考如何利用同事，幫助自己達成夢想。

在職場工作，維持生活開銷和獲得成功的感覺，是上班族最原始，也是最大的目的。因此，在不違背自己價值觀念、不使用權謀詐術的原則下，只要你能牢牢掌握同事的心，想要達成自己的目的，絕非困難之事。

古人說：「讓人三分，爲善之本。」如果你平時就能對同事表現這種寬大的胸懷，設法去瞭解他們的心思，盡力幫助他們達成目標，那麼，這些同事就會變成你最佳的墊腳石，升遷的時機一到，你就能捷足先登，踩著他們的肩膀往上往上跳，比其他人爬得更高更快。

在等待升遷的時候，爲了要讓這種可能性更加篤定，平常你就必須讓周遭的同事公認你有資格成爲他們的新上司。再說，要讓他們日後心甘情願爲你效勞，也必須使他們對你的爲人處事心服口服才行。

一般而言，人事單位在考慮是否由你晉升之前，會先徵詢其他同事的意見：「你們認爲他適當嗎？」

同事們所表達的意見，或許不會直接左右人事單位的決定，但還是會被列入人事審核的重要參酌資料。假使人事單位所得到的答案是：「要我在他手下做事，門都沒有！」那麼，即使你最後還是晉升了，將來也無法順利地管理你的部屬。

你能不能踏著同事的肩膀順利往上爬，全看你是否平常就牢牢掌握了同事的心，這會影響到他們願不願意在關鍵時刻支援你，至少不要扯你的後腿。因此，平常就要努力做好同事之間的人際關係，千萬不可疏忽。

厚黑智典

發明家全靠了不起的信心支持，才有勇氣在不可預知的天地間前進。

——法國作家巴爾札克

如何善用自己的「手腕」

就像古時候封建貴族們擁有自己領地和城池一樣，你也應該為自己好好地挑選一個有利的戰鬥位置，才能據此「攻城掠地」。

如果你擁有出色的才幹，常常協助別人解決難題，而且在公司擁有和諧的人際關係，你就掌握了許多可供使用的籌碼，一旦你需要幫助的時候，隨時都可以轉換成自己的助力。

只要你不輕易浪費籌碼，久而久之，這些籌碼就會累積成一大筆無形的財產，爲自己鋪設一條平步青雲的晉升之路。

當你擁有了別人所欠缺的助力，接著就可以根據自己的專長，擬定日後的升遷目標，想辦法讓自己躋身最有利的位置。

你不妨思索：「在公司裡，最有利的職位是什麼？最不利的職位又是什麼？我要朝哪個方向前進，才能快速躋身權力中樞？」

你必須先確認自己的專長與希望獲得的職位，然後把這個職位當成跳板。就像古時候封建貴族們擁有自己領地和城池一樣，你也應該為自己好好地挑選一個有利的戰鬥位置，才能據此「攻城掠地」。

也許你會問：「難道別人就不會運用手腕嗎？」

不錯，競爭無時不在，很多人都同樣處心積慮地在圖謀籌劃，想要爬到最有利的地位，握有最大的實權。

但是，你不必擔心也不用介意，因為，整天漫無目的地過日子，毫無奮鬥目標的仍然大有人在。

法國作家維尼說：「平凡的人聽從命運，只有強者才是自己的主宰。」

有些人外表像老虎般威武勇猛，實際上卻只是個唯唯諾諾的好好先生，軟弱得近於任人宰割的羔羊。

有的人雖然頭腦聰明，足以成為你競爭上的勁敵，但是，這些人往往既恃才傲物，又缺乏耐心、毅力，因此也成不了氣候，你只要能善用自己的籌碼和手腕，成功最後必然屬於你。

厚黑智典

當一個人即將成為自己的理想中人物時，正處於巔峰狀態，但是在達成目標之後，他就可能失去原來的聰敏。

——E・詹森

如何選擇你工作上的「另一半」

你所選出的副手人才，特別是主要的副手人才，一定要具備這樣的素質，即你因故不在工作崗位時，能負責處理臨時出現的重大問題。

俗話說：「一個光桿司令打不了天下」，對於一個想有一番作爲的領導者，選擇身邊的副手是很重要的事。

選擇副手，可以考慮以下幾個方面的法則：

• 參與決策和有效執行的法則

領導選擇副手，首先必須明瞭，你所選擇的人不僅是自己的助手、執行者，而且是主要決策群中的一員，他們不但必須明確知道每一個決策的背景、方向，並且積極參與決策。

副手參與決策程度越高，責任心就會越強，效率就會越高。

如果你只把副手當作「應聲蟲」、「傳話筒」，或者要求他們只能順從自己的意見，勢必要導致失敗。

• 發揮優勢原則

每一個人都有自己的優勢和劣勢、長處與短處，現代社會以每一個人的全面而自由的發展爲基本原則，在民主、和諧的環境下，人才的特長必定會大放異彩。

• 才職相稱法則

所選人才的素質、才能，一定要與他所任職務的職權、職責、任務相稱。

• 決策權可以轉移法則

你所選出的副手人才，特別是主要的副手人才，一定要具備這樣的素質，即你因故不在工作崗位時，能負責處理臨時出現的重大問題。

• 群眾接受法則

選用人才，一定要考察大多數（七〇%以上）人對該他的接受程度，看衆人對他是否信任、支持、理解，否則會產生不良的後果。

‧主動結構法則

你在選擇副手時，一定要考慮所選人才，與自己能否形成合理的主動結構。所謂主動結構，就是在決策群的結構中，不僅處於中心位置，而且是動力來源和神經中樞。你在集體智慧形成決策後，如果能很靈活地啓動各個副手去貫徹執行這項決策，那麼整個機器便能良好地運轉。

‧精簡法則

你不能以爲副手越多越好，其實恰恰相反，班底成員超過一定的數限，便會影響決策效率。據有關的研究，領導班底成員一般不超過七人。

厚黑智典

如果你想比其他人表現得更好，就要擁有與眾不同的特色。

——波頓

哪些人才進入你的領導班底？

忠誠老實是傳統美德。忠誠型人才是任何時代、任何領導者都歡迎的人。他們忠心耿耿的優秀品質，使他們在領導者心中，有著不可動搖的地位。

明白了挑選副手的法則，其實還不夠，必須進一步明瞭，到底哪些人才可以進入你的選擇範圍呢？以下就是六種人才的基本特質。

・通才型人才

這類人才知識廣博，基礎深厚，善於出奇制勝、集思廣益，有很強的綜合、移植、創新能力，善於站在戰略角度深謀遠慮。當領導者本身不是這類通才時，一定要選拔通才型的人為副手。

・補充型人才

補充型最適合做領導者的副手。

該類人才可以分為兩類：

一是自然補充型，即具有領導所短缺方面的長處，進入領導班底後，便會自然而然地會以本身之長補領導者之短，強化了領導集體的優勢。這類人才能否出頭，主要在於領導者善加挑選。

二是意識補充型，即能自覺地意識到自己的地位、作用，善於領會領導者的意圖，明白領導者的長處與短處，積極地以己之長去補領導之短。

• **實幹型人才**

實幹型人才，是每一個領導班底中必須有的人才。這類人才肯埋頭苦幹、任勞任怨，做事高效率、高品質，是領導者身邊不可缺少的人。但是，這類人在大多數情況下，往往缺乏保護自己的意識與能力，因此總是為明槍暗箭所傷，領導者要善於為他們護航。

• **忠誠型人才**

忠誠老實是傳統美德。忠誠型人才是任何時代、任何領導者都歡迎的人。他們忠心耿耿的優秀品質，使他們在領導者心中，有著不可動搖的地位。

當然，這種忠誠絕對不是不經思考或是盲目的「忠誠」，而是忠實地執行領導者的計劃。維護集體的利益是他們的最高使命，當領導者的某些言行與政策相牴觸時，或與共同目標發生偏差的時候，他們也會義不容辭地以適當的方式，向領導者提出中肯的建議。

•競爭型人才

這種人才有能力，能在複雜多變的環境下獨立處理好公司的問題，面對困難勇於拼搏，毫無嫉妒之心，有「敢爲天下先」的魄力與激情，不達目的絕不罷休，直至獲得重大成就。

但是，這種人才不屈不撓的鬥志與咄咄逼人的銳氣，容易對領導者造成心理壓力，因此，心胸狹窄的領導者往往不敢重用，甚至加以貶斥，使他們比常人遭受更多的非議和委屈。

一個英明的領導者，應該懂得這種人才是開創新局面、拓寬新道路的最佳人選。當他們遇到各方面的困難時，要多給予他們關懷、愛護，並以豁達的心境主動地與他們展開友誼的競賽。

• 潛在型人才

這類人才以年輕人爲主，年輕人充滿朝氣，敢爲天下先，才華初露，但未成熟，才能處於隱性階段，需要經過一段時間的培養、實踐、訓練……等過程，方能脫穎而出，擔當大任。

所以，對這類人才，領導者要有長遠眼光，要有關懷愛護之心。

厚黑智典

世事總難皆大歡喜，當烏合之眾齊聲對你稱讚之時，就證明其中肯定有問題。

——塞內加

文憑不是成功的通行證

美國著名的教育家和思想家戴爾．卡耐基就曾說過這樣的話：「一個人的成功，百分之十五取決於他個人的文化知識，而百分之八十五取決於他的人際關係和其他因素。」

日本松下公司的創辦人松下幸之助退居二線的幾年裡，公司的業務不太景氣。於是，松下幸之助召見了一個叫山下俊彥的公司董事，請他出任總經理。

當時，山下俊彥在公司中權力很小，在二十六個董事中也僅排名在第二十五位。但松下幸之助卻沒有理會這些因素，而是很肯定地對他說：「我就是要你當公司的總經理。」

這個突兀的舉動把山下俊彥弄得莫名其妙，他知道在他前面還有許多資歷比他豐富的人，於是極力委婉推辭。

但是，松下卻堅持任命他當總經理，甚至還請來他的女婿進行說服工作。最後，松下的誠意終於打動了山下俊彥的心，放棄自己資歷淺的思想包袱走馬上任。結果，在短短的兩年內，山下俊彥就把松下電器公司從困境和虧損的邊緣拉了回來，並使公司迅速發展起來，利潤額猛增。

用人除了不能以工作資歷做爲標準外，也不能以學歷和文憑做爲用人尺度。文憑雖然可以當做錄用的參考，因爲它畢竟代表了一個人過去的教育程度和可能具備的學識知識，但對於目前工作的勝任與否，卻又是另外一回事，兩者不能完全劃上等號。

在日常生活中，我們可以經常看到，有一些人沒有很高的文憑，甚至只是中、小學程度，但他們在工作中卻如魚得水，走向成功的道路。而又有一些人，雖然擁有博士、碩士文憑，但在事業和工作上卻表現得差強人意，這是什麼原因呢？

美國著名的成人教育家和思想家戴爾·卡耐基就曾說過這樣的話：「一個人的成功，百分之十五取決於他個人的文化知識，而百分之八十五取決於他的人際關係和其他因素。」

因爲，文憑僅僅代表著一個人可能擁有理論知識，而並不是實際工作經驗，一個理論知識不豐富的人，同樣可以通過實際鍛鍊來彌補，而且，透過這種方式所得來的知識，要遠比書本深刻、豐富得多。

許多國內外知名企業的創始人和大企業家，都沒有傲人的學歷，如果硬要以文憑論英雄的話，那麼他們恐怕永無出頭和成名之日。

厚黑智典

缺乏智慧的知識，就好像是墊在屁股下面的一疊書而已。

——日本諺語

把苦難當作成功之前的磨練

只有勇敢地面對生活，經歷一番辛苦之後，才能徹底體悟處世的道理。沒有滄桑生活的磨練，是不會理解生活的真諦的！

有些人在現實的苦難中鍛鍊自己，讓自己不斷成長；當然，也有人在困難之中，只想著要自認倒楣，結果錯過了邁向成功的最好契機。

美國前總統比爾·柯克林頓自小在一個不幸的家庭成長，他平生第一次挺身抗暴是在他十四歲時。

據知名的新聞記者羅傑·莫里斯說，一九六〇年，比爾·柯林頓還是高一學生時，就已經是個大塊頭了。

有一個夜晚，當父母的臥室裡又傳出母親遭毆打的聲音時，他連忙推門而入，對癱坐在地的繼父說：「我不允許你在發酒瘋時，再動我的母親一根汗毛，否則你就要小心了。」

少年比爾·柯林頓習慣戴著一個讓人看不透的假面具，所以，朋友對他的印象都是討人喜歡、活潑開朗的。

有一天，有個朋友說：「現在我才知道，發生在他家裡的事，沒想到他能如此沉穩，居然能把這些多事情都深埋在心底。」

從這段經歷，我們可以看見，原來這位後來當上總統的少年，很早就學會如何讓自己活在雙重世界之中。

當然，也有人批評他：「像許多生活在嗜酒家庭的孩子一樣，他也學會了不說實話，而且沒有任何愧疚感。」

其實，在柯林頓面具之後是內心激烈的衝突，這些衝突造也就了一個積極奮發年輕人，因為在他緊繃的神經下，時時處於不穩定狀態，反而使他越想讓諸事順遂，和週遭的人相安無事。

所以，柯林頓在自省時經常說：「在我成長過程中，碰到的首要問題便是，該怎樣在不喪失原則、不大動干戈的情況下化解矛盾。」

後來柯林頓當選了美國總統，實現了少年時代就開始規劃的宏偉藍圖時，一個土生土長的溫泉城人說：「有不少人的確小看了他，不管是在幫助他的人面前，還是在可能害他的成年人面前，他都能應對自如，並巧妙地掩飾自己真實的感情。」

從柯林頓的成功例子，我們可以清楚知道，只有勇敢地面對生活，經歷一番辛苦之後，才能徹底體悟處世的道理。

不經歷風雨的洗禮，我們怎能見到彩虹？

沒有滄桑生活的磨練，是不會理解生活的眞諦的！

厚黑智典

新的模式是全球化相互關聯的網絡，因此新的領導者也面臨了新的考驗，譬如在這種創意密集、互賴網絡的環境中如何領導統御等等。

——約翰·史考利

10
PART

做個聰明的老實人

做人應當誠實正直，不要有害人之心，不過，防人之心也不可無，畢竟人的心思是很難讀懂的，必須提防別人口蜜腹劍的算計。

不拘小節，人才才會鞠躬盡瘁

一個成功者的事業版圖，往往是用無數人才的血汗繪製而成。相同的，他們邁向成功的階梯，也經常是用人才鞠躬盡瘁的屍骨堆疊而成。

身爲一個想要有所作爲的領導者，最應該擔憂的是手下無可用之人，盡是一些成事不足、敗事有餘的蠢才。

因此，在舉用人才之際，一定要不拘小節，因爲，領導者除了要積極經營自己的版圖之外，更需要人才的輔佐，群衆的擁護，才能長治久安。

戰國初期的名將吳起爲了入仕，便拜孔子的學生曾參爲師，學習儒家義理，由於吳起勤奮向學，深得曾參的喜愛。

然而，當吳起的母親去世時，他卻不願意按照當時的習俗回家守孝三年，認爲那樣只會白白浪費時光。

這件事讓曾參非常生氣，一氣之下將他趕出師門，從此，吳起便放棄了儒學，轉而學習兵法。

當齊魯之戰爆發，魯國國君雖然想任用吳起，卻因爲他的妻子是齊國人，而有所猶豫，後來吳起的妻子恰巧死了，魯君這才放心派他率軍出征。

這一戰，吳起率領了兵少將弱的魯國軍隊，居然打敗強盛浩大的齊軍，展現了自己卓越的軍事才能。

雖然他大勝而回，這時卻傳出了一個相當歹毒的謠言，指出吳起爲了當上將軍，竟然不惜殺害妻子。

魯王聽聞傳言之後，並沒有詳加查察，便聽信左右讒言，從此疏遠吳起，而被謠言中傷的吳起深深受挫，也離開了魯國。

不久，他得知魏文侯正在廣募賢才，便立即轉道來到魏國，後來幸運地獲得魏國將領翟璜賞識，隨即推薦給魏文侯。

然而，魏文侯也擔心吳起徒有才能，卻品德不佳，因爲他也聽說，吳起不願爲母親守喪之事，以及為了當上將軍，不惜將自己的妻子殺害的傳言。

不過，瞿璜卻力勸魏文侯：「想要成就大業，就應當不拘小節，吳起沒有守孝三年，我國也沒有一定要遵守儒家禮教的規定，再者，就算吳起急於建功立業而殺妻，不也正好符合國家的需要？」

後來，魏文侯聽了吳起的軍事見解，馬上驚為天人，徹底心服口服，任命他為大將軍，派他出任西河守。

吳起到西河後訓練軍隊，帶領百姓耕種梯田，因為頗能體恤民情，深得百姓愛戴，沒有幾年工夫，便把西河治理成進可攻、退可守的重要據點。

西元前四〇九年，吳起帶領軍隊渡過黃河，攻克了秦國的臨晉、洛陽、合陽等重要城鎮，更讓企圖大舉入侵中原的秦軍大敗而逃。

一個成功者的事業版圖，往往是用無數人才的血汗繪製而成，相同的，他們邁向成功的階梯，也經常是用人才鞠躬盡瘁的屍骨堆疊而成。

這麼說雖然充滿權謀，卻是不爭的事實。

如果，當時魏文侯只注意那些對吳起不利的傳言與缺點，而忽視了他的軍事才能，那麼他的損失恐怕不小吧！

從魏文侯重用吳起這個故事中，我們可以得知，身爲一個優秀的領導人，在選用人才和班底之際，一定要用人唯才，不拘泥世俗的小節，能夠如此，便能爲自己創造成功的高峰。

厚黑智典

很明顯的，由於欺詐性廣告的不斷流傳，使得人們的智力不斷降低，這說明了要征服一個市場，方式不只一種。——彼得·杜拉克

做個聰明的老實人

做人應當誠實正直，不要有害人之心，不過，防人之心也不可無，畢竟人的心思是很難讀懂的，必須提防別人口蜜腹劍的算計。

亞里斯多德曾說：「人在最完美的時候，似乎是動物中的佼佼者，但是，當他為了一己之私的時候，便是動物中最差勁的東西。」

正因爲如此，做人做事必須懂得一些厚黑手法，才不會老是被坑被騙。

古人一再提醒我們：「防人之心不可無」，強調與人合作或共謀時，在尚未熟悉對方的確實情況之前，千萬要小心謹慎，不要過度地暴露個人心思，這樣才不會被有心人利用，而讓自己陷入危機之中。

總而言之，就是要設法做個聰明的老實人。

唐高宗死後，武則天開始垂簾聽政。爲了順利得到天下，並壓制宗室大臣的不服與反抗，於是，在東門設立「銅匭」，下令如果發現任何圖謀不軌的情況，都可以用密函的方式，將信件扔進銅匭，只要密報經查證後確實無誤，告密者便可以得到封官晉祿的獎勵。

當時有位胡人李元禮，便是因告密成功，而獲得了游擊將軍的官銜。

其他像是尙書都事周興、來俊臣等人，見狀也紛紛效法，競相羅織他人的罪名，讓自己的官運扶搖直上。

在這些人當中，以周興最爲機敏狡詐，當時他豢養了一批專門告密的地痞流氓，每當他想陷害某人時，便會命令這些流氓前來告密，然後弄假成眞。

周興還挖空心思製造了一系列令人不寒而慄的刑具逼供，還將這些刑罰取了一些好聽的名目，如定百脈、突地吼、鳳凰曬翅、仙人獻果、玉女登梯……等等。

當受審的嫌犯一看到這些「別出心裁」的刑具，早就被嚇得魂飛魄散，無不寧願立即招供，以免受罪煎熬。

然而，風水輪流轉，這天周興居然被人告密了，說他串通其他人試圖謀反，蓄意奪權，武則天對此事甚爲重視，立即指派來俊臣審理此案。

曾與狼狽爲奸的來俊臣深知，周興是憑著告密用刑起家的，想要讓他老實招供並不是件容易的事。

於是，他先邀請周興一同飲酒，席間則不斷地稱讚周興，以鬆懈他的心理防衛，最後向他請教：「周兄，我最近碰到了一個十分狡猾的犯人，各種刑具我都用過了，他就是不肯招供，不知道你願不願意教我幾招？」

已經被來俊臣捧得飄飄然的周興，不知其中有詐，不假思索地對來俊臣說：「老弟，我跟你說，如果你把這個狡猾的囚犯放入一個大甕，然後架在火上烘烤，你想他招或不招？」

來俊臣一聽，樂得拍手稱妙，立即派人搬出來大甕，並架起炭火。

周興一看，原來的好氣氛都被弄壞了，不悅地問：「老弟，難道你要在這裡審訊犯人嗎？」

只見來俊臣笑著命人撤去殘席，接著拿出武則天的敕文，板起臉孔對著周興說：「請君入甕吧！」

果然，周興還未置身大甕，便馬上招供。

雖然這是則發生在唐朝的歷史典故，然而，卻是做人做事上常用的厚黑謀略，必須時時以此警惕自己。

做人應當誠實正直，不要有害人之心，不過，防人之心也不可無，畢竟人的心思是很難讀懂的，必須提防別人口蜜腹劍的算計。如果你在得意之時，不小心謹慎，輕易地暴露了自己的實際情況，恐怕會讓自己一直處於失敗之勢！

厚黑智典

世界上到處都進行著各種形式的戰爭，沒辦法，我們就是愛打仗。我們不是防守的一邊，而是進攻搶奪的一邊。——大衛．漢考克

做人不要強出頭

如果刻意地在對方面前，表現自己高人一等，或是炫耀自己的小聰明，反而會自曝在危險之中，甚至讓旁人視為愚蠢的舉動。

許多人在待人接物之時，總是喜歡吹噓自己，試圖把別人比下去。殊不知，刻意地炫耀你的聰明或才華，只會讓你顯得愚昧，贏得一時的虛榮，卻喪失更遠大的前景。

隋代的薛道衡文才出衆，十三歲就能背誦《左氏春秋》。隋文帝時，薛道衡被任命爲內史侍郎，在隋煬帝時，則外放擔任潘州刺史，直至大業五年，才被召回京師任職。

當時，薛道衡寫了一篇《高祖頌》，自己頗感得意，但隋煬帝看完後，不悅地說：「只不過是文辭華麗而已。」

因爲，隋煬帝楊廣一向自認文才甚高，認爲沒有人能超越自己，所以對薛道衡的文才心存嫉妒。

當時，有位御史大夫見狀，便乘機進讒言：「薛道衡自負擁有才子之名，不把皇上看在眼裡，這根本存有造反之心。」

內心極度不悅的隋煬帝因而聽信讒言，下令將薛道衡處以絞刑。

這說明了，鋒芒畢露的人時間一久，便會引來旁人的嫉妒，周圍的人因爲感到自己的無能，也不願與他合作。

當年，孔子年輕氣盛之時，曾經向老子問學。

而老子只對孔子說：「良賈深藏若虛，君子盛德容貌若愚。」

意思是說，善於做生意的商人，總是隱藏寶貨，不會讓人輕易看見，而品德高尚的君子，容貌總是顯得愚笨拙劣。

唐順宗就深明這層道理，即使貴爲太子之時，也儘量小心翼翼地注意自己的言行，以免惹來禍害。

喜歡以天下爲己任的唐順宗，還是太子身份時，便曾對東宮幕僚說：「我要竭盡全力，向父皇進言革除弊政的計劃！」

幕僚王叔文聽了，深以爲不妥，立即向他諫言：「身爲太子，首先應該做的事情是盡孝，你應該多向父皇請安，問候起居冷暖，因爲改革是目前最棘手，也最敏感的問題，如果你過分熱心，有心人就會以爲你企圖以國家改革的名義來招攬人心，萬一讓皇上誤會你想篡位，而對你有所猜忌，對你來說並不件好事，而且更無助於國事改革啊！」

唐順宗聽完這番話後，立刻有所省悟，之後便收斂許多。

這樣的改變，讓他在唐德宗荒淫專制的晚年，沒有招來不測的災禍，也才能成就日後唐朝的順宗改革。

從故事中我們明白，處理人際關係時，我們務必要謹慎小心，不要傷及對方的自尊心，也不要引起別人的猜忌。

如果刻意地在對方面前，表現自己高人一等，或是炫耀自己的小聰明，反而會自曝在危險之中，甚至讓旁人視爲愚蠢的舉動，輕則讓對方更加自卑，從此拒絕與你來往，重則讓對方想要挫挫你的銳氣，反而讓自己陷入危機。

當然，在這個講求分工合作的現代社會，如果沒辦法讓組織團結，有些工作根本無法完成，因而，我們也不必對工作採取消極的態度，只要小心表現，不要處處張揚，表現出令人反感的小聰明，試圖將榮耀獨攬在自己身上，那麼你自然而然能處處化險爲夷。

厚黑智典

那些在炮火下跑進你腦海中的創造性想法，將被安全地保留在那裡，直到永遠永遠。

——托洛茨基

製造玄機就能化解危機

競爭過程中，原本就是要虛實交互運用，讓競爭對手握不住你的實力，從而無法與你進行對抗。

自己的眞實力量，有時需要向對手全部展示，但有時候也要巧妙地掩藏起來。然而，什麼時候該進行「火力展示」，什麼時候又該隱藏實力，則要依當時的實際情況而定，只要我們運用得當，自然能受益無窮。

孫臏和龐涓都是鬼谷子的學生，後來龐涓先行下山，當上了魏國駙馬，並陷害孫臏受到「臏刑」，導致雙腳殘廢。孫臏脫險之後，先以圍魏救趙之策大挫龐涓的銳氣，然後又在戰場上與龐涓正面決戰。

由於孫臏計高一籌，鬥智而不鬥力，所以，他運用「減灶法」製造假象，在戰場上逐漸減少燃灶的數目，讓龐涓誤以爲孫臏節節敗退，命令手下軍士緊追不捨。

直到兩軍在馬陵道會戰，孫臏依計整合全部兵馬，給了龐涓迎頭痛擊，龐涓才知道中計，最後被亂箭射死。

這是戰場上的謀略，所謂知己知彼，百戰百勝，商場之中也是如此。

我們首先要對自己有正確的評價，然後瞭解對手的虛實，先適度地隱藏自己的實力，學會製造假象，讓對方錯估情勢，進而爲自己製造一個絕佳的優勢。

曾經，有家銀行忽然傳出財務不穩的消息。

當時已經接近下班時間，那間銀行馬上被擠兌的人潮擁得水洩不通，此時如果處理不當，銀行很有可能會就此倒閉。

所幸，該銀行的經理鎮定自若，不慌不忙地將庫存的現鈔全部搬了出來，一面延長銀行營業時間，另一面緊急向同行拆借現金。

當趕來擠兌的人，看見現場現金如此充足，不禁相信銀行的實力沒有問題，大都認爲財務不穩的消息應該是個謠言，再加上大排長龍的等待，實在浪費時間，便放心地回家休息，擠兌的人數立即明顯變少了。

另外，一些銀行大戶，看見銀行的情形穩定，又想到提領完現金還有被搶的風險，索性相信銀行，也省得爲自己增添麻煩，這場擠兌風波也就此煙消雲散。

另一個例子是，曾經有某家上市公司，因爲市場派和當權派爭奪經營權，而藉著拉攏股權的方式爭奪不休。

在股權開始進行登記之後，市場派四處活動，到處請託送禮，拉攏的股權很快地便超過了當權派。

在兩者股權拉長了距離之後，市場派預估其餘小股東不會出席，又見當權派無力拉攏，眼見局勢已定，便自信滿滿地認爲，一切穩操勝算，便對當權派的注意力逐漸鬆懈，甚至開始爲奪權成功大肆慶祝。

未料，當權派早就暗中拉攏其餘的分散股權，努力邀請他們聚餐歡敘，並在登記截止的期限前一刻，帶著小股東全數前往會場，進行登記手續。

這個情況讓市場派頓時傻眼，面對這樣致命的一擊，他們根本無法招架，在完全沒有掙扎的餘地之下，只能以奪權失敗而告終。

這彷佛就像孫臏與龐涓決戰的現代翻版，說明競爭過程中，原本就是要虛實交互運用，讓競爭對手握不住你的實力，從而無法與你進行對抗。

這幾則隱藏實力與展示實力的方法，都表現得恰到好處，他們合理地利用自己的實力，然後稍加隱蔽，沒有讓人們窺破其中的玄機，巧妙地扭轉對方的心理，讓成功穩固地站在自己這一邊。

所以，捉準時機，將優點掩飾起來，讓對手鬆懈怠惰，甚至對你毫無防備，掉以輕心，直到遭遇你的正面進攻才驚醒，但卻爲時已晚，這也是謀求獲勝的商戰策略中，最常運用的方法之一。

厚黑智典

競爭優勢是指你比其他人有更優越的條件，它是利用來使你比競爭對手更有吸引力，更有效能。

——威廉·萊修

把人才用在最正確的地方

選用人才，領導者一定要注意任人唯賢的重要性，並了解此人是否有勝任的實力，否則再美好的目標，都會事倍功半，甚至功敗垂成。

在實力決定勢力的競爭社會中，一個領導者一定必須具備識人用人的精準眼光，以及放手讓下屬發揮才華的決斷。

呂蒙曾經被人譏笑爲「吳下阿蒙」，後來奪發圖強讓人「刮目相看」，是東吳的一員大將。赤壁大戰之後，呂蒙鎭守陸口，隔著長江與荊州相望，而關羽在劉備、孔明進入四川之後，也獨當一面，屯駐在荊州。

雖然，關羽曾經主動出擊，打下曹軍佔領的襄陽地區，還水淹七軍，擒獲了曹操的猛將於禁、龐德……等人而名震天下，然而，他卻因爲戰線拉得過長，憂患也一天一天地加深。

當時，魏、蜀、吳三國展開了混戰，關羽乘機襲擊曹營，而東吳又在背後對關羽虎視眈眈，曹軍也因爲屢次戰敗而對關羽懷恨在心，所以打算暫時與東吳聯手，協助東吳進攻關羽。

孫權看準時機，決定進攻關羽，要回被蜀軍賴著不還的荊州。

他把堂弟孫皎與大將呂蒙叫來，讓他們共同領軍作戰。

然而，呂蒙對此卻很不滿，抱怨道：「主公倘若認爲呂蒙可用，則獨用呂蒙，若以爲叔明可用，請獨用叔明。」

亦即，他希望孫權只須挑選其中一人領軍即可。

孫權聽了呂蒙的話，心下暗自揣測：「莫非呂蒙已有破敵之計？」

於是，過了不久他便把呂蒙召來，說道：「呂將軍，我就任命你爲領兵大都督，總管江東諸路軍馬。」

孫權眞的獨用呂蒙，而呂蒙也不負重望，帶領東吳士兵，偷襲荊州得勝。

這一役，讓關羽的軍隊失去荊州之後，喪失了後援補給，無疑是個重大的打擊，最終導致關羽在麥城一役戰敗被殺。

東吳能在這次戰役獲勝，多虧孫權的慧眼識英雄，給予呂蒙完全的信任，更讓呂蒙完全發揮實力，才能擊敗關羽這個強敵，這正是現代領導者應該學習的地方。

選用人才，領導者一定要注意任人唯賢的重要性，也一定要考慮工作性質是否符合部屬的特質，並了解此人是否有勝任的實力，否則再美好的目標，沒有適才適用，都會事倍功半，甚至功敗垂成。

厚黑智典

創造力就像野兔一樣，如果你已經有了一對野兔，並且了解到如何養活牠們，那麼很快的，你就會有一打野兔。

——史坦貝克

忍耐，是為了累積成功的資本

最懂得忍字訣的人，在不斷地累積力量、增強忍耐力和判斷力的同時，也為將來事業累積成功的資本。

宋朝文學家蘇洵曾說：「一忍可以制百辱，一靜可以制百動」，這番話告訴我們，凡事雖然應該把握時機，卻也不能貿然行動。

歷史上的成功人物者都知道，「忍」字是至高至上的修爲，能忍耐的人才能伺機待時，等到有了足夠的力量與對手對抗，便能猛烈反擊，一戰而勝。

三國時期，南方部族首領孟獲領兵反蜀，製造叛亂，而蜀國則由丞相諸葛亮親自率軍前往平定，當時他便是以「忍」字訣，徹底征服孟獲。

諸葛亮聽說孟獲不但勇猛，而且在南方各部族人民中極具威望，爲了長治久安，便以降服孟獲爲目標，下令對孟獲只許活捉，不得傷害。

孟獲軍隊與蜀軍交鋒之時，請葛亮派令蜀軍故意敗下陣來，孟獲憑仗人多，只顧著向前衝，卻誤中蜀軍的埋伏，因此而大敗。

這是孟獲第一次被活捉，當時諸葛亮請他進入蜀軍帳內，並當場叫士兵爲他鬆綁，還陪他參觀軍營，結果，並未獲得孟獲的臣服，他仍然傲慢無禮，不肯就此服輸，諸葛亮也沒多說便放他回去。

孟獲回到部落後，重整旗鼓，又一次進攻蜀軍，結果再次被諸葛亮活捉。儘管諸葛亮繼續耐心規勸，但孟獲還是不服，而這一次，諸葛亮依然又放了他。

此後，孟獲改變了戰略進攻蜀軍，或堅守渡口，或退守山地，然而不管他如何改變，始終都被諸葛亮擒住，也一次又一次被釋放。直到第七次，孟獲被擒時，諸葛亮再次要放他回去時，孟獲卻跪了下來，還哭泣著說：「丞相七擒七縱，待我可說是仁至義盡，我打從心裡佩服，從今以後絕不再聚衆反叛。」

孟獲第七次獲釋回去之後，便極力說服各部落的人民，使南中地區重歸蜀漢，蜀國後方逐漸穩定，各部族人民也得以休養生息，安居樂業，從此，蜀國再也不必浪費兵卒去討伐叛軍了。

以當時的現實局勢而言，蠻族反叛無常，殺了孟獲只會使情況更加惡化，因此，諸葛亮百般隱忍，終於得到最佳的回報。

最懂得忍字訣的人，會要求自己，培養剛強的毅力和堅韌的耐力，能忍人所難以忍受的事物，好讓自己能屈能伸，而在不斷地累積力量、增強忍耐力和判斷力的同時，也爲將來事業累積成功的資本。

所以，忍與不忍的區別就在於，不能忍耐的人雖然可以暫時發洩眼前怨氣，卻往往無法得到最後的成功，而能忍耐的人則因爲等到致勝良機，才能有機會獲得長遠利益的回報。

厚黑智典

每個人都有自己相信的座右銘，我的成功座右銘就是：人不可不要臉，但臉皮一定要夠厚。

——約翰·雷

別當不知變通的「恐龍」

能夠適應環境，不斷地改變自己，並給自己多一點冒險的勇氣，一定會比墨守成規，讓你更有出頭的機會。

如果不想做被隨時都可能被時代淘汰的「恐龍」，那麼你就要隨時自我增值，讓自己在這個處處都是競爭的環境中，走到哪裡都能有自己的一片天！

否則，你很快就會變成一具「化石」。

恐龍在很短的時間內滅絕，科學家至今仍然無法找到牠們滅亡的秘密，唯一能確定的是，無法適應大環境的變化，是導致恐龍滅絕的主要原因。

「物競天擇，適者生存」的準則，不僅適用於自然界的生物，同樣也適用於現代的文明社會。

凡事要能變通才有辦法生存，如果在這激烈的競技場中，你無法適應環境的快速變遷，那麼必定會遭到淘汰。

商場、職場都如戰場，一個人在作戰的中途倒下，正顯示他的生存能力不夠。不幸的是，在許多工作場所中，我們仍可以看到許多恐龍級人物的存在，這些「恐龍族」的特徵有：頑固、遲鈍、行動緩慢、缺乏彈性。

在工作上，「恐龍族」最大的障礙，就是看不見也無法適應環境。他們其實有很多學習新技術、繼續深造、更換職務或創新求變的機會，但是總是視而不見，無心尋求新的突破。

於是，「恐龍族」慢慢地安於現況，沒有企圖心，沒有創新精神，更沒有工作熱忱，滿腦子只想安逸怠惰地混日子，絲毫不願設法改進缺失，也不會思考如何讓自己更有能力，做更好的工作。

工作與生活永遠是變化無窮的，我們每天都會面臨改變，不管是景氣的榮衰、新產品的上市、新科技的引進，又或是面對新同事、新老闆，不管改變的小大，每一次改變都需要調整心態，重新去適應。

所謂面對改變，意味著對舊習慣和舊狀態的挑戰。人必須求新求變，如果緊守著過去的行爲與思考模式，並毫不在乎地認爲「我就是這個樣子」，那麼永遠也不會有進步的一天。

「恐龍族」不喜歡改變，也不會爲自己製造機會，情願受命運的擺佈，也不相信自己能掌握命運，於是他們往往浪費了許多向上躍昇的大好機會，並且在錯誤的位置上坐了一輩子。

「恐龍」，其實就是我們常說的冥頑不靈之人，他們無法隨著環境的改變而調整心態，因此稍有變動就慌亂失措；他們不願面對錯誤的事實，寧可一錯再錯，也不願讓自己變得更好。

於是，在「適者生存」的殘酷競爭法則下，他們一輩子都只能坐在失敗的椅子上，直到終老！

在現代社會中，能否獲得個人成就，關鍵就在於你肯不肯嘗試。只要懂得變通，你才會獲得更多的機會和進步，不想被時代和環境淘汰，你就必須竭盡所能地提升自己，爲自己建立一片專精的領域，讓自己不管處於任何環境下，都是不可或缺、獨一無二的重要人物。

能夠適應環境，不斷地改變自己，並給自己多一點冒險的勇氣，一定會比墨守成規，讓你更有出頭的機會。

厚黑智典

一個人若只會思索如何維持現有的成就、優點與視野，那麼，他就失去了順應潮流的能力。

——彼得．杜拉克

識時務才能開創人生版圖

只要別一窩蜂地跟著所謂潮流或別人的腳步走，因為，那些只懂得一窩蜂的人，絕大多數都是以失敗作為結局。

知道自己的實力到達哪裡，也知道自己的弱點在哪裡，這兩項是我們發展自己人生版圖最重要的認知。

遇到實力比自己強壯的對手，我們都應該明知時務，避實就虛，另外尋發展的道路，而不要做無謂的拼鬥，那樣只會弄得兩敗俱傷。

國際知名的路透社創辦人路透，轉移陣地到倫敦營業之前，曾有一段時間在德國的古城亞琛從事通訊社的經營工作，這裡正是奠定他未來成功的重要基礎。

一八四八年，普魯士政府正式開通了從柏林到亞琛之間的電報線，並同意開放供商業通訊使用。於是，利用柏林與亞琛之間的電報線來從事服務，成了一項最有利可圖的事業，路透得知這個消息之後，決定要抓住機會，開創一番事業。

他趕到了柏林，想要效法法國新聞界名人哈瓦斯創辦通訊社，不過在這之前，沃爾夫通訊社的人卻已經搶在他的前面，在柏林建立了「沃爾夫辦事處」。

由於沃爾夫的經濟實力相當雄厚，再加上他有著和路透一樣精明的頭腦與才幹，面對這樣的對手，路透知道自己根本無力挑戰，即使勉強經營，也只能疲於應付，難以有更大的創新和作爲。

於是，他決定放棄在柏林的發展。

不過，路透一點也沒有氣餒、絕望，當他在柏林碰壁之後，立即又趕回亞琛，幸運的是，在亞琛這項生意還沒有人開始。

於是，路透立即開辦了獨立經營的電報辦事處，勤奮不懈地廣泛搜集當時歐洲各主要城市的每一項行情快訊，彙整編輯成「路透行情快訊報」。

路透盡可能地利用最快的交通工具，將報紙提供給分散的訂戶，由於他不辭辛勞地奔走，名聲逐漸傳了開來，經過一段時間之後，他的市場居然佔了大半，許多人都爭相訂購，而路透也終於在報訊業中，站穩了自己的地盤。

人生很多時候要像路透一樣，懂得避實就虛、迂迴前進，這正是做人做事策略中相當重要的一環。

別一窩蜂地跟著所謂潮流或別人的腳步走，因爲，那些只懂得一窩蜂的人，絕大多數都是以失敗作爲結局。

人生最重要的一件事就是選擇自己可以成功的道路，才不會蹉跎一生而一事無成。路透的成功故事要告訴我們：「要做就要做獨一無二的事，只要多運用你獨一無二的創意，並發現獨一無二的商機，那麼成功必定是你的！」

厚黑智典

如果你能夠把諂媚的花言巧語讓人聽起來變成坦率懇切的苦口良言，那麼你就離成功不遠了。

——喬叟

虛心接受別人的建議

想要箝制別人的想法或言論，是行不通的方法。想要封住別人的嘴巴，到頭來只會換來更多不堪入耳的流言和毒語。

在這個越來越不說實話的時代，有些人為了不得罪人，往往戴著面具說假話。更多時候，表面上對你越曲意奉承、越恭敬有禮的人，骨子裡越可能暗藏著不可告人的目的。正因為如此，我們更應該虛心接受別人的建言。

對於別人的批評和議論，即使覺得不公允，也不必氣沖沖地反駁，應當以虛懷若谷的態度加以接受，允許別人在自己面前發表不同的意見，作為自己反省檢討的借鏡，這才是正確的為人處世之道。

春秋戰國時期，齊國有位名叫鄒忌的大臣，由於長得風流瀟灑、氣度不凡，被譽爲美男子。對此，鄒忌感到相當得意。

鄒忌聽說當時城北也有位美男子，心裡經常想：「不知道誰長得比較俊美？」

他的妻子、侍妾和前來拜會的人聽見他的疑惑，個個都說他比較俊美。

後來，鄒忌親自看見了那個美男子，相較之下他卻發現，自己根本不如對方，他也這才知道，自己受到妻子、侍妻和拜會者的善意欺騙了。

不久，他把這件事情告訴齊王，並建議齊王要虛心納諫，接受不同人的建議和面諫，即使對方的建議讓自己難堪，也應當虛心接受。

齊王認爲有理，隨即發出佈告，隨即進諫的人往來不斷，其中有許多意見皆能切中時弊，而齊王也都能接受改進。

後來，意見越提越少，齊國的政治也越來越開明，經濟發展與國力日益強盛，終於成爲當時諸侯公認的強國。

春秋末年，子產也是位從不對民衆言論加以壓制的宰相，即使人們對鄭國的政治抱著不滿或是嘲諷態度，他都能坦然接受。

當時，在鄭國各地普遍設有鄉校，那裡不只是教育人民的地方，同時也是許多對政治不滿的人發言的場所。

民衆們在那裡發洩怨言並斥責政治，有些朝中大臣聽說後，非常擔心這些人會對社會、政治帶來不良的影響，紛紛要求關閉鄉校。

然而，這時子產卻反駁說：「千萬不可以關閉鄉校，因爲那是民衆在結束一天的勞動之後，唯一休息的地方，他們聚集在那評議政治其實並無不妥，他們的意見更可以作爲我們施政的參考，對於讚賞有加的政策，我們便可以繼續深化實行，如果聽見批評或是建議，我們更應該加以改革。一旦我們強行壓制，也許能暫時抑止他們的言論，但是，此舉卻像堵塞河道一樣，水勢雖然一時堵住，但是，當更大的洪水滾滾而來時，必定會氾濫成災。與其如此，倒不如從平時就慢慢地疏通洪水，這不是更好嗎？」

從子產這番話，我們可以知道，想要箝制別人的想法或言論，在這個誰也不怕誰的年代，早就已經是行不通的方法。

想要封住別人的嘴巴，到頭來只會換來更多不堪入耳的流言和毒語。

面對批評或批判，我們都應當有包容的心胸和寬容的氣度，允許人們發表不同的意見，因爲，嘴巴長在別人的臉上，不是我們可以控制的。

唯一對自己有用的應對方式是，從這些話語之中找出自己看不見的問題，補強自己缺失或不足之處。

懂得以別人發出的批評、諫言作爲自己的一面鏡子，也才能讓自己朝著更正確的道路前進。

厚黑智典

一個人越是卑鄙，他就會越固執地想要扮演高尚的角色，有些人甚至還因此成功了。

——塞涅卡

當個能綜觀全局的領導者

將工作轉交給部屬，不僅可以提高員工的能力，還能讓你有時間綜觀全局，讓你領導的事業擁有最大的突破空間。

想成爲優秀的領導者，一定要有識人之明，並且要有充分授權的觀念。否則，就會用人不當，讓自己像無頭蒼蠅一樣東飛西竄，疲於奔命卻又做不成什麼大事。

丙吉是漢宣帝身邊重要的宰相，有一年春天，丙吉乘車經過繁華的都城街道，恰巧看見有人當街群毆，死傷極多。

然而，當時他卻視若無睹，立即離開現場，接著他又看到了一頭拉車的牛，氣喘吁吁地吐著舌頭，一副無精打采的模樣，他居然立即派人去問牛的主人，這頭牛到底是怎麼回事。

丙吉對於人畜表現出兩極化的態度，令旁邊的隨從都感到好奇，不禁問他：「為什麼宰相對群毆的事情不聞不問，這會兒卻如此操心牛的氣喘，如此是不是有點輕重不分，本末倒置？」

丙吉認眞地回應：「制止群毆是長安令或京兆尹的職責，身為宰相，我只要每年評定他們的政績，再將賞罰建議呈交給皇上就行了，並不需要參與這些瑣碎之事。至於關心牛隻，我之所以要停車探問，那是因爲，現在正値初春時節，黃牛卻大吐舌頭，氣喘不停，我很擔心是因爲陰陽不調。陰陽不調則關係舉國人民的生計，這是宰相的責任之一，所以我才特地停下車子詢問。」

衆隨從聽後，這才恍然大悟，紛紛稱讚宰相英明。

這個故事提醒我們，有能者或有權者，不要一味地把所有的權力都牢牢握在手中，或是大事小事都非得親身過問才可以，畢竟超過負荷的工作量，絕對不是最有效的工作方式。

那只會讓你工作辛苦，此外，管得太多也很容易雜亂無章，如果凡事必定要親自叮嚀，甚至插手其中，對工作上的績效無疑弊多於利！

其實，領導者最重要的工作，是擬定完善的計劃後，有條不紊地將工作分派給底下的人，而且知道哪個部份適合哪些人去執行，自己只要研究如何提高計劃的完成效率就可以了。

因爲，唯有這樣才能充分地運用員工的能力，還能讓自己能有效地綜觀全局，並讓自己領導的事業有最大的突破空間。

厚黑智典

天生就想要缺德做壞事的人，如果找不到漂亮的藉口，就會明目張膽地去做惡！

——伊索

11
PART

以柔克剛，才不會兩敗俱傷

以剛克剛，容易落得兩敗俱傷，面對剛烈之人，更應以己之長克其之短，而不是硬碰硬，推向玉石俱焚的危險態勢。

要有精益求精的上進心

領導者的一舉一動都是屬下的表率，要是領導者不求上進，怎能要求員工呢？若領導者自我要求甚嚴，屬下自然會用高標準來要求自己。

在每一個行業中，都只有精益求精的人才能獲得成功的機會，而身爲領導者更需要上進心，若是不懂得不斷加強自己、隨時吸收新知，必定無法領導整個組織，甚至會被屬下輕視或被屬下取代。

換句話說，是否具有精益求精的上進心可以作爲領導者是否適任的標準，以下就是一個很好的例子。

有家公司打算要提拔一個推銷員擔任經理職務，可能的人選有三人，但這三個人在各方面的成績大致相同，主管無法決定該提拔誰較適當，所以請來一名顧問幫他調查這三人，看誰最能勝任。

主管只告訴這三個人會有位顧問來拜訪他們，目的是討論推銷的計劃，並不讓他們知道眞實的目的。

其中兩人顯得有些不自在，認爲那名顧問另有他圖，會要什麼花招。

這兩人都是頑固的保守派，都想證明「自己該做的事都已經做了」，當那名顧問問他們：「銷售責任區要如何劃分」、「薪水調整計劃是否需要修改」，以及「要怎樣取得促銷資料」……等等與行銷相關的問題時，兩人的回答都是：「這些事情都處理好了，不用擔心。」並認爲目前的方法不必改變。

第三人的反應則不同。他雖然對公司很滿意，也以公司的成就爲榮，但並不完全滿意，還要求進一步改進。他和那名顧問討論了許多新方法，例如「開拓新市場的做法」、「改善服務品質的做法」、「節約時間的做法」……等，這些新辦法都是爲整個公司的長遠利益著想。

理所當然的，第三位被那名顧問推薦給了主管。那名顧問根據他的積極心理，確認此人會使公司繼續發展、效率提高，生產出更多的新產品。

「找出可以改進的地方，並且全力改進」，這樣才會成爲傑出的領導人。

領導者應隨時謹記以下這兩個觀念：「對每一種事都要研究怎樣改善」，「對每一種事都要確立更高的標準」。

因爲，領導者的一舉一動都應該是屬下的表率，因此要是領導者自己都不求上進了，又怎能要求員工呢？相反的，若領導者自我要求甚嚴，那不需上司多加督促，屬下自然會用高標準來要求自己。

每年都有許多公司進行改組，並撤換掉一批高級主管，這正是因爲一旦高級主管的態度改變了，就必然會改變基層人員的態度。所以，當你領導一個團體時，請記住，底下成員會主動調整自己去配合你的新標準。

這種情況在最初幾週最爲顯著，這時他們最關心的事是觀察你怎樣辦事，瞭解你舉手投足的意圖，並考慮這種行爲帶給他的好處，以及他應怎樣應付，他們一旦弄明白了便會採取有利於他們的行動。

因此，你若是以精益求精的高標準要求自己，自然會將整個團隊的標準都提高，進而爲組織帶來更大的利益。

想攀關係的人最愛拍馬屁

人一旦站上高位，就成了眾人眼界所及的目標、馬屁所及之處。最好別讓關係蒙上了權力的陰影，才不致於破壞關係。

楊貴妃的故事大家都聽過，「一朝選在君王側」致使「姐妹兄弟皆列土，不重生男重生女」。所謂「一人得道，雞犬升天」說的便是這樣的一幅景象吧！

中國人喜歡講「關係」，也喜歡「攀親帶故」，於是走後門便成了一個常見的社會現象，即使再多的人不滿，再多的人怨恨，當自己有所求的時候，還是恨不得自己擁有別人所沒有的「關係」。

其實，這種「關係」說不定根本就是一種人生的包袱。試想，要是你靠了別人關係而達成目的，改天別人也要來靠你的關係，一旦涉入了人情，我們還能夠公正公平地處理事情嗎？但是面對一大堆馬屁、攀關係的人，我們又該怎麼應對呢？

東漢的時候，就有這麼一個明辨是非、討厭「關係」的女子，我們可以先來看看她面對馬屁精的做法。

東漢明帝的皇后馬氏，十三歲就被選進皇宮。她生性善良，待人寬厚，行事謹愼，宮中上下都很敬重她。

皇太后對她非常寵愛，因而立她爲明帝的皇后。馬氏當了皇后，生活起居還是非常儉樸，時常穿著粗布衣服，裙子也不喜愛鑲邊裝飾。

一些嬪妃朝見她時，還以爲她穿了特別好的料子製成的衣服，走到近前，才知道是極普通的衣料，從此對她更尊敬了。

馬皇后知書達理，時常認眞地閱讀《春秋》、《楚辭》等著作。有一次，明帝故意把大臣的奏章給她看，並問她應如何處理，她看了之後當場提出中肯的意見，但她並不因此而干預朝政，也不主動去談論朝廷的事。

明帝的妃子賈妃生下一個兒子，名叫劉炟，沒有生育的馬皇后便將他當做自己的兒子一樣盡心撫育。明帝死後，劉炟即位，就是漢章帝，馬皇后也被尊爲皇太后。

不久，章帝聽取大臣的建議，多次提出要爲她的三個哥哥馬廖、馬防和馬光加封爵位。不過，馬太后是個深明大義、通識大體的人，她清楚地知道，當時許多馬氏外戚早已無功受祿，過著極其奢侈的生活，所以婉拒了章帝的好意。

第二年夏天，發生了大旱災。一些馬屁大臣又上奏說，今年所以大旱，是因爲去年不分封外戚的緣故，再次要求分封馬氏兄弟。

馬太后還是不同意，並且爲此特地頒發了詔書，詔書上說：「凡是提出要對外戚封爵的人，都是想獻媚於我，都是要從中取得好處。大旱跟封爵有什麼關係？要記住前朝的教訓，寵貴外戚會招來傾覆的大禍。先帝不讓外戚擔任重要的職務，防備的就是這個，今後，怎能再讓馬氏走老路呢？」

詔書接著說：「馬家的親族，個個都很富貴。我身爲太后，還是食不求甘，穿著簡樸，左右宮妃也儘量節儉。我這樣做的目的，是爲了做出榜樣，讓外親見了好反省自己。可是，他們不反躬自責，反而笑話我太儉省。前幾天我路過娘家住地濯龍園的門前，見從外面到舅舅家拜候、請安的，車子像流水般不停地駛去，馬匹往來不絕，好似一條游龍，招搖得很。他們家的傭人，穿得整整齊齊，衣服翠綠，領袖雪白；看看我們，比他們差遠了。我當時竭力控制自己，沒有去責備他們。但他們只知道自己享樂，根本不為國家憂愁，我怎麼能同意給他們加官晉爵呢？」

馬太后憂心自己的親族，一旦加官晉爵後，態勢會更加囂張，非但不能為民帶來福份，反為國家招致災禍，因此才嚴加拒絕。

漢朝時最大的內亂就是宦官和外戚，西漢更為外戚王莽所篡，因而亡國，所以東漢復國之後，對於外戚干政一事特別加以防範，甚至明文下令規範不得為外戚加封官爵，以防再有相同的禍事發生。

馬皇后身為皇帝的后妃與母親，卻不喜好奢華，也不攬權干政，有些大臣想藉由討好馬皇后，向皇帝建言重新分封外戚，但都受到嚴辭拒絕。說明了馬皇后深明大義，心知見到前車翻覆而不及時改弦易轍的人，終將自取滅亡。

當她看見自己的父兄舅姪，個個都過著不知節制的生活，而且不聽勸告，這樣的情況，若是再為他們加官晉爵，豈不是助長他們氣焰？他們若有異心，豈不是又為社稷帶來災禍了嗎？

她身居權力頂峰，卻能夠如此為民為國，不被私情牽絆，確實令人敬佩。

所謂「內舉不避親，外舉不避仇」，就是說明要選拔人才，看的是能力而不是關係。只是，人一旦站上高位，就成了衆人眼界所及的目標、馬屁所及之處。立法委員一定接不完關說的電話，學校的校長一定有人會去拜託他用哪一家的教材，企業的老闆一定有人求他爲誰安插職位，警察法官一定有犯人求他們網開一面；……各種例子層出不窮，說也說不完。

既然環境如此，只有兩種選擇，一個隨波逐流，一個改造環境；無論是做了哪一種選擇，一定堅守自己的原則，才不會爲自己帶來壓力與困擾。

最好別讓關係蒙上了權力的陰影，才不致於破壞關係，從這個角度來說，忠實做自己無疑是最輕鬆的做法。

適時把權力分配給下屬

如果你能多給屬下們一些足夠的空間，讓他們充分地展示自己才華和能力，他們反而會更加地尊敬你，更加佩服你的領導氣魄與涵養。

成功的領導者，應該具備以下三項能力：「第一是對大局的判斷和掌握，第二是調整團體的能力，第三是讓部下各盡所能，充分調動、發揮其積極性。」

領導者之所以要把一些瑣屑小事交給其他人去做，是因爲身爲領導人，最需要的工作是制定整體發展的計劃。

然而，有些領導者卻總是以「工作繁忙」自傲，這在有識者來看，這樣的領導方式，不僅沒有駕馭屬下的才識和能力，也往往是失敗的主因。

英國大出版家諾茲可里夫，生平的事業極多，但是他卻能從容不迫地讓每個事業都蒸蒸日上，而且應付自如，許多朋友對於他這樣的能力都讚嘆不已。

不過，他卻淡淡地說：「我只是擔任指揮工作，一切機械式的工作都交給那些能勝任的人，我深知要成就事業，最重要的是時時創新的計劃，指揮得法與堅持不懈，至於那些助手能夠處理妥當的工作，我就盡可不親自動手。」

據《清史》記載，康熙年間爆發「三藩之亂」時，據守台灣的鄭經趁機渡過台灣海峽，佔領了泉州、漳州、溫州等地。

這個消息很快地傳到了京城，傳到當時正領著諸位皇子在暢春園練習射箭的康熙皇帝的耳裡。不過，當時康熙皇卻無動於衷，雖然戰況接踵傳來，連台州也失陷了，皇子和大臣們個個都急如熱鍋上的螞蟻，然而康熙皇帝一心只專注於射箭，並不願多說什麼，直到回宮後，他才開口說話。

康熙對大臣們說：「福建離京城數千里，路途遙遠，消息傳報費時，雖然急著傳令，但是我們也不見得能掌握最新的情況。儘管反叛的不僅僅是兵力強大的三藩，同時還有盤踞台灣的鄭經，不過，當地的官員也一定盡全力抵抗。即使他們等不到我的指令，也會明白自己的職責所在，當他們開始全力出擊時，我們再派兵前去支援，效果自然加倍。」

單從這樣統御臣下的領導方式，我們就可以看出康熙高明的治政與謀術。

在現代社會中，領導者必須學會信任，懂得適時將權力分給下屬，才能有效地應付繁雜的工作事務。

不要以爲你把自己的權力分給了下屬，下屬就會認爲你的才能低下，對你採取陽奉陰違的態度，相反的，如果你能多給屬下們一些足夠的空間，讓他們充分地展示自己才華和能力，他們反而會更加地尊敬你，更加佩服你的領導氣魄與涵養，也更加無私地爲你拼命工作。

厚黑智典

最艱難的競爭往往不是來自睿智、謹慎的競爭對手，而是來自不顧成本的經營者，這樣的人最後不是躲債落跑，就是宣告破產。

——約翰·洛克斐勒

收放自如的領導藝術

領導的藝術有如放風箏，看上去是讓風箏自由自在地遨翔，但實際上，風箏的一切全掌握在你手中牽動的那條細細的絲線上。

美國前總統吉米．卡特，曾意識到自己肩負的責任重大，事事都想親自處理，卻又深感力不從心，經常被國內外要事弄得暈頭轉向，部屬抱怨卡特不肯充分授權，卡特本人也苦不堪言。

多數人民看見政府機器無法順暢運作的情況，便認爲這是領導者無能的表現，於是用選票把吉米．卡特撵了下台。

當卡特準確無誤地意識到國家面臨的困難，其實我們可說他洞察力敏銳，然而，他卻沒有充足授權部屬分工合作的勇氣，與面對難題的自信，使得人民跟著他一起惶恐不安，為自己埋下了失敗的因果。

另一位演員出身的美國總統雷根，則是把政治當成表演事業而獲得成功。

雖然他每次即興演說時，總是會把自己的無知曝露在複雜的議題上，然而，每當他對涉及的問題一無所知時，卻能依照白宮幕僚的教導，果斷地處理，並展現幹練的一面。這不僅讓美國人民相信他是個優秀的領導者，更因為他的自信態度，讓人民也產生無限的信心。

因此，以風趣幽默、機智果斷著稱的羅納德·雷根，不僅獲得了人民的信任，更成為美國近代史上最受歡迎的總統之一。

從卡特和雷根這兩位美國總統的比較中，我們看見了領導者在權力方面「收放」藝術的重要性。

卡特因為將擔憂放得太過，表現出冷靜不足的情況，以致於無法獲得人民的支持；而貌似糊塗的雷根，卻因為展現充分的自信，深受人民的信任，兩個人不同的領導風格，讓他們有了不同的結果。

其實，領導的藝術有如放風箏，必須收放自如，看上去是讓風箏自由自在地飛在天空，自由遨翔，實際上，風箏的一切全掌握在你手中。不必擔心它會不受控制，無論它飛多高多遠，終究被那根細細的絲線操控著。

厚黑智典

我絕不會去嘗試跳過七英呎高的欄杆，我通常會找尋旁邊是否有一英呎高的欄杆，然後跨越過去。

——華倫．巴菲特

以柔克剛，才不會兩敗俱傷

以剛克剛，容易落得兩敗俱傷，面對剛烈之人，更應以己之長克其之短，而不是硬碰硬，推向玉石俱焚的危險態勢。

在社交或談判場合中，不需要太多刻意的言行表現，有時候氣定神閒、默默無言，反而會使對方摸不著頭緒，認爲你高深莫測而不敢造次，老子所說的「大辯不言」，正是這個道理。

畢竟，以剛克剛，容易兩敗俱傷；以柔克剛，才是眞正的技高一籌。

三國時，諸葛亮最爲後人稱道的謀略，正是空城計。

當時，城中只有數百名老弱殘兵，諸葛亮只好施展心理戰術，將城門敞開，然後帶兩名童子在城頭撫琴，司馬懿率領了十萬衆兵殺至城下，猛然看見諸葛亮神情自然，談笑風生。

如此怡然自得的模樣，令生性多疑的司馬懿心中不安，狐疑多時，最後選擇退避三舍，不敢貿貿然進攻。

就這樣，諸葛亮不費一兵一卒，以計謀嚇退了司馬懿的十萬大軍，等到司馬懿察覺上當，已經失去最佳的攻城時機，諸葛亮的援兵業已馳回。如果，當時諸葛亮選擇了硬碰硬，勢必會城破人亡，性命難保。

凡事冷靜處理，只要面對問題時，表現得愈自在愈不在乎，反而容易給人老謀深算的神秘感，讓人心生畏懼！

利用人共同的多疑猜忌的特性，來擾亂他人的判斷力，最能達到預期目標，因爲表面上，我們看似沒有積極地採取行動，實際上卻使得對方在心理層面具有了一定的約束力。

所謂「四兩撥千斤」，便是一種以柔克剛的原理。

剛烈之人容易被柔和之人征服、利用，就像一塊巨石，如果落在一堆棉花上，便會被棉花輕輕鬆鬆地包覆在裡面，所以領導者應當更善於以柔克剛。

在剛強與柔軟之間，多數人仍然是吃軟不吃硬的。以剛克剛，容易落得兩敗俱傷；以柔克剛，則較容易馬到成功。因此，面對剛烈之人，更應以己之長克其之短，而不是硬碰硬，造成雙方同時失去理智，推向玉石俱焚的危險態勢。

厚黑智典

對於有幸進入充滿競爭力公司的人來說，那競爭慘烈的時期卻是最興奮、最值得、最滿足的時光。

——威廉．道菲奈

限制越多，部屬越不靈活

領導者規定的事項越多，插手的事務越多，部屬為了生存，在這麼多限制裡，便學會了機謀，學會了算盡機關和陽奉陰違。

老子的「無爲而治」是一門高深的政治哲學，自古以來，一直被第一流的領導者奉爲做人做事的圭臬。

縱觀中國歷史，不少出色的政治家都喜歡以「無爲而治」來整治國家，以無爲而爲，由無爲達到有爲。

面對一片原始森林，如果我們不去理睬，它自己就能欣欣向榮，但是，經過人們插手之後，往往是草盛木稀，遭到滅頂之災，老子所提倡的「無爲」領導之道，便是要建立這種「順應自然」的思想觀念。

任何事物都有自然的規律，與其用強迫手段改變規律，不如利用原有的規律，將它轉化成爲我們能夠利用的資源。就像水遇熱變成蒸汽，這是無法改變的，然而我們卻可以利用這個規律生產暖氣，做人做事的道理也是相同的。

老子的「無爲」，分爲以下三個方面來理解：

首先，應儘量少下命令。

如果，管理者只讓其他人依令行事，勢必會打消他們的積極性、主動性和創造性，也必然會激起他們的反抗心理。

所以，最好的方法是只指出大方向，爾後便交由別人靈活處理。

其次是，對於部屬或其他人，應當儘量避免干涉或介入。

因爲，每個人的工作習慣不同，領導者不應該過度地干預其他人，更沒必要在一旁比手畫腳，如此，非但幫不上忙，萬一沒有處理好，恐怕會幫了倒忙。

重要的是結果，而不是過程。只要能達到期望的結果，不是非得依領導者的方法才可以，因此領導者更應該保持正確的態度，給部屬們一個獨立而自主的空間，反而更能加快事業的成功腳步。

最後一點是，不要用過多的政策加重部屬的負擔。

聰明的領導者並非什麼事都撒手不管，而是要能細心地留意部屬們的心理狀態和情緒動向，掌握整體團隊的方向和發展遠景，並在遇到困難時，能在職員面前鎮定自若，增加員工們的信心。

政策上忌諱的事情越多，或過度地限制部屬能力的發展，不僅會使部屬越來越怠惰、缺乏效率，還會讓整個組織或團隊越來越混亂。

領導者規定的事項越多，插手的事務越多，部屬爲了生存，在這麼多限制裡，便學會了機謀，學會了算盡機關和陽奉陰違。只有讓部屬自動自發地散發自己的能量，充分發揮創造力和想像力，才能開創出更寬闊的遠景。

厚黑智典

現在的年輕人似乎都沒有什麼遠大的理想。我最希望他們說的是：「我的目標就是把你幹掉，成為公司的董事長。」——本田宗一郎

靜待時機成熟，就能看見成果

柔性的等待是領導者推動新政應當保持的態度，而不是以責罰來逼迫人們的配合，那樣只會引來反效果，或是更大的阻礙。

以柔克剛的處理方式，是面對惡劣局勢的重要方法，只要保持心性的柔軟，讓自己充滿彈性，便可以冷靜地等待時機的到來。

春秋末期，鄭國宰相子產在治理國家上，便採用以柔克剛的方法，振興鄭國國力，使鄭國得以在戰亂的局勢中安於一隅。

當時，鄭國是一個小國，國力甚爲薄弱，子產清楚地知道，要在大國林立之中求得生存的空間，增強國家的實力便刻不容緩。

於是，子產提倡振興農業厚植國力，同時徵收新稅，以確保軍費供應的充足。

然而，一開始徵收新稅時，民怨四起，甚至有人揚言要殺死子產，朝中也有不少朝臣站了出來，齊聲表示反對。

對於這些激越的反對聲浪，子產卻一點也不理會，並沒有做過多的解釋，只耐心地等待事情的發展。

他淡淡地說：「以國家利益爲重，必要時每個人都應當犧牲個人利益，服從國家利益。做事應當有始有終，不能虎頭蛇尾，因爲有善始而無善終，必然會一事無成，所以，我必須堅持將這件事完成。」

新稅照常徵收，由於他以稅收振興農業，很快地當農業發展起來，鄭國國力逐漸累積，民眾生活變得更富庶安定，反應也由怨恨轉爲稱讚。

凡事在剛開始，原本就會有許多阻礙或未如預期，這些都是自然現象。大多數人都有想要維持現狀的慣性心理，不希望規律的生活有任何變動，所以，我們可以看到古今中外的國家，乃至各個企業新政策或新制度一出現，幾乎沒有一項制度會有百分之百的支持率。

在如此情況下，柔性的等待是領導者推動新政應當保持的態度，而不是以責罰來逼迫人們的配合，那樣只會引來反效果，或是更大的阻礙。

優秀的領導者要像子產一樣，採行以柔克剛爲政之道，無論抗議聲多大，反對的聲浪多麼強烈，仍然堅持自己的目標，並靜靜地等到時機成熟的那天，如此自然會看見豐收的果實。

厚黑智典

我們眼前所見的是，全球每一個重要市場的大震盪及達爾文式的競爭淘汰，而失敗的公司或國家是沒有任何的安慰獎。

——傑克．威爾許

保持不亢不卑的應對

只要我們能掌握戰勝困難的關鍵，知道什麼時候會有困難，看得見其中問題，便能採取正面的辦法戰勝它。

不管在哪個年代，喜歡趁機敲詐勒索的人都會有一套堂而皇之的說詞，必須找出他們話語中的陷阱，然後緊捉住他們的缺漏，令他們無法自圓其說，如此才是積極的應對之道。此外，無論遭遇什麼狀況，即使面對無法解決的困難，只要道理站得住腳，保持不亢不卑的應對，便沒有人可以爲難你。

有一回，晉楚兩國大戰，晉軍大敗，知罃被俘。

當時，知罃的父親荀首爲下軍大夫，率領兵團奮力作戰，射死了楚國大夫連尹襄老，也捉住了受傷的楚公子谷臣。

帶著一死一傷回到晉國之後，晉國預備用他們來換回知罃。

楚王對知罃的才能非常清楚，也相信他將來定能立下大業，於是，滿面和氣地問他：「你怨恨我嗎？」

知罃回答：「兩國交戰，因爲我沒有才能，才淪爲俘虜，大王沒有把我殺死，願意讓我回晉國，這是大王的恩惠，我怎麼還會怨恨你呢？」

楚王聽了這番話很是滿意，連忙又問知罃：「既然如此，那麼，以後你將會感激我的恩德嗎？」

知罃回道：「兩國都是爲了國家利益打算，爲了使百姓安心度日，現在晉楚二國既然和好，也各自後悔當初不應該開戰，雙方互釋戰囚以表達善意，這樣的結果與私人無關，你認爲我該感激誰呢？」

楚王又問：「你這番話我覺得有點不對，你說這是兩國之間大事，但明明是我要讓你回去，你回去之後應該要報答我的恩情吧？」

知罃說：「我對你沒有怨恨，也沒有承受你的恩情，不知道應該怎麼報答。」

楚王苦笑著說：「什麼意思？」

知鶩說道：「倘若輪到我帶領軍隊保衛邊疆，碰上楚國的將帥入侵，我會不惜犧牲地拼殺，沒有二心，以此來盡我身爲人臣的職責。」

楚王從知鶩口中得不到什麼答案，卻又無法反駁知鶩的話，只好送他回去，還嘆口氣說：「晉未可與之爭。」

知鶩在與楚王進行對答時，人還在楚王的手中，然而，他卻並沒有因此而卑躬屈膝，強顏奉承。面對楚王厚顏無恥的索要人情，知鶩以不亢不卑的態度面對，令楚王對他無計可施，確實是位膽識過人的奇才。其實，人生原本就存在了許多困難，只要我們能掌握戰勝困難的關鍵，知道什麼時候會有困難，看得見其中問題，便能採取正面的辦法戰勝它。

厚黑智典

只要比賽是在我們的球場，用我們的規則、用我們的球、配合我們的水準來進行，我們就會表現得很傑出。

——馬汀．史塔爾

尋找化敵為友的方法

不必奉承、討好對方，也不必用爭鬥的方式來推倒對手，與其樹立更多敵人，不如尋找「化敵為友」的方法。

富蘭克林是美國歷史上非常具有影響力的人，年輕時，曾在費城開了一家小印刷廠，後來被選爲賓西法尼亞州議會的書記，這才開始了他的政治之路。

但是在某次選舉期間，有位在議會中頗具分量的議員，卻對富蘭克林發表了一篇反對演說，而且演說中把富蘭克林批評得一文不值。

遇到這樣一個強勁敵手，對年輕資淺的富蘭克林來說，無疑是件棘手的事，可是，富蘭克林只用了一個很簡單方法，就化解了他們之間的尷尬與矛盾。

富蘭克林後來在自傳中回憶說，對於這位議員的反對，他當然很不高興，可是，這位議員是一位很有學養的紳士，在議院裡也有一定的聲譽和地位，所以，他並不會用卑鄙或阿諛的方法來討好，或企圖贏得這位議員的同情或好感，他只在事情發生之後，用一種很適當的方法來溝通而已。

富蘭克林聽說這位議員的藏書室裡有幾部很名貴的絕版書，於是他寫了封信給議員，表明自己希望有機會能閱讀這些書籍，並誠心地請求議員能借給他。

沒想到對方收到信後，立刻就把書給送來了。

一個星期之後，富蘭克林把那些書送還給議員，另外還附了一封感謝信，很誠懇地表示了自己的謝意。

在這之前，這位議員從來不和富蘭克林說話，但是自從借書之後，每當他們在議會遇見時，他便會主動地上前和富蘭克林握手、交談，並且態度非常友善，還說只要需要他幫忙，他都會義不容辭。

從此，他們不只成為了知己，彼此的友誼還一直維持下去。

富蘭克林的手法很簡單，中國人說的「知音難覓」、「志同道和」，都能讓這個故事的寓意更加清楚。

這一步是富蘭克林從政道路上，非常重要的一次跨越。他化解了與這位議員的衝突方式，不是迴避、討好或委屈自己，而是尋找到彌合矛盾的共同點，而這也正是富蘭克林所要給我們的啓示。

不必奉承、討好對方，也不必用爭鬥的方式來推倒對手，與其樹立更多敵人，不如尋找「化敵爲友」的方法，如果你想有所成就，這就是你最佳的成功捷徑。

厚黑智典

歷史上，打破大眾錯誤觀念的人往往是冒險嘗試的人。這些人願意冒險去嘗試做大家認為大膽或愚蠢的事情。——丹尼爾·布爾史坦

保持警戒就不會鬆懈

在事情未見成功之前，我們仍然不能輕易放棄與鬆懈，畢竟，商場上雙方隨時都有可能交手，保持一定的警戒和實力是絕對有必要的。

在交涉或談判中必須有充分的準備，將對手的資料完整收集，捉準目標，鬆懈敵人的戒心，自然能攻其不備。

日本某公司與美國某公司進行一次技術合作談判，談判開始時，美方首席代表便拿著各種資料，滔滔不絕地發表公司的意見，完全不顧日本公司代表的反應，而日本公司的代表則一言不發，只顧著埋頭做著筆記。

當美方代表講了一兩個小時之後，向日本公司代表徵詢意見時，日本公司代表卻顯得不知所措，重複著「我們不清楚」、「請給我們一些時間，回去準備一下」

之類的話，雙方的第一次談判，竟在這樣不明不白的情況下結束。

幾個月之後，雙方又開始第二次談判，美方公司的代表捲土重來，而日本公司則以談判不力爲由而另派代表團，但是一切過程和上次談判一樣，日本人顯得在這次談判中準備不足。

美國公司的老闆大爲惱火，認爲日本人在這個案子上沒有誠意，於是就下了最後通牒，如果第三次談判日本公司仍然如此，那麼兩公司的協定便得取消。

而後，美國公司解散了談判團，封閉所有的技術資料，以逸待勞，等半年之後雙方的最後一次談判。

沒想到，幾天之後，日本公司竟然主動派出龐大的談判團，不請自來，直飛美國要求談判，美國公司在驚愕中倉促上陣，匆忙召集原來的談判團成員進行談判。

這次談判中，日本代表不但掌握了先前談判中美方代表的技術資料，而且詳細說明了相關的資料，最後拿出雙方協定的草樣，要求立即進行雙方公司的合作。

美方代表一下不知所措，因爲自解散之後根本沒有進行過磋商和分析，放鬆戒心的情況下，美國代表陷入了被動挨打的地位，日本代表卻得勢不饒人，硬是要美國人按日本人的設想在協定上簽了字。當協定發生效力時，美國人才發現自己這一方根本就受到了對方的欺騙，雙方獲利不均，但也爲時已晚。

商場上，商人間的攻防兵法和詭詐伎倆一再上演，爲了自身利益，就必須活用各種戰術，即使要裝傻也無妨，因爲一切只許成功不許失敗。

我們從日本人和美國人的交涉過程中可以得知，商戰上既聯合又競爭的對手會如何表現自己，確實很難預料。從中，我們還能得到一個啓發，無論如何，在事情未見成功之前，不能輕易放棄與鬆懈，畢竟，商場上雙方隨時都有可能交手，保持一定的警戒和實力是絕對有必要的。

厚黑智典

現在，每一項競爭都會變成全球戰爭，輸贏都取決於速度及對改變的反應能力等因素。每個人都要因應要求更高、更激烈的競爭要求。

——凱·林歐斯特

厚黑學完全使用手冊：求人辦事篇

作　　者　王　照
社　　長　陳維都
藝術總監　黃聖文
編輯總監　王　凌
出 版 者　普天出版家族有限公司
新北市汐止區康寧街 169 巷 25 號 6 樓
TEL / (02) 26921935（代表號）
FAX / (02) 26959332
E-mail：popular.press@msa.hinet.net
http://www.popu.com.tw/
郵政劃撥 19091443 陳維都帳戶
總 經 銷　旭昇圖書有限公司
新北市中和區中山路二段 352 號 2F
TEL / (02) 22451480（代表號）
FAX / (02) 22451479
E-mail：s1686688@ms31.hinet.net
法律顧問　西華律師事務所・黃憲男律師
電腦排版　巨新電腦排版有限公司
印製裝訂　久裕印刷事業有限公司
出 版 日　2019（民 108）年 4 月第 1 版
ISBN◉978-986-389-593-0　　　條碼 9789863895930

國家圖書館出版品預行編目資料

厚黑學完全使用手冊：求人辦事篇／
王照著.—第 1 版.—：新北市,普天出版
民 108.04 面；公分. -（智謀經典；09）
ISBN◉978-986-389-593-0（平裝）

權謀經典

09

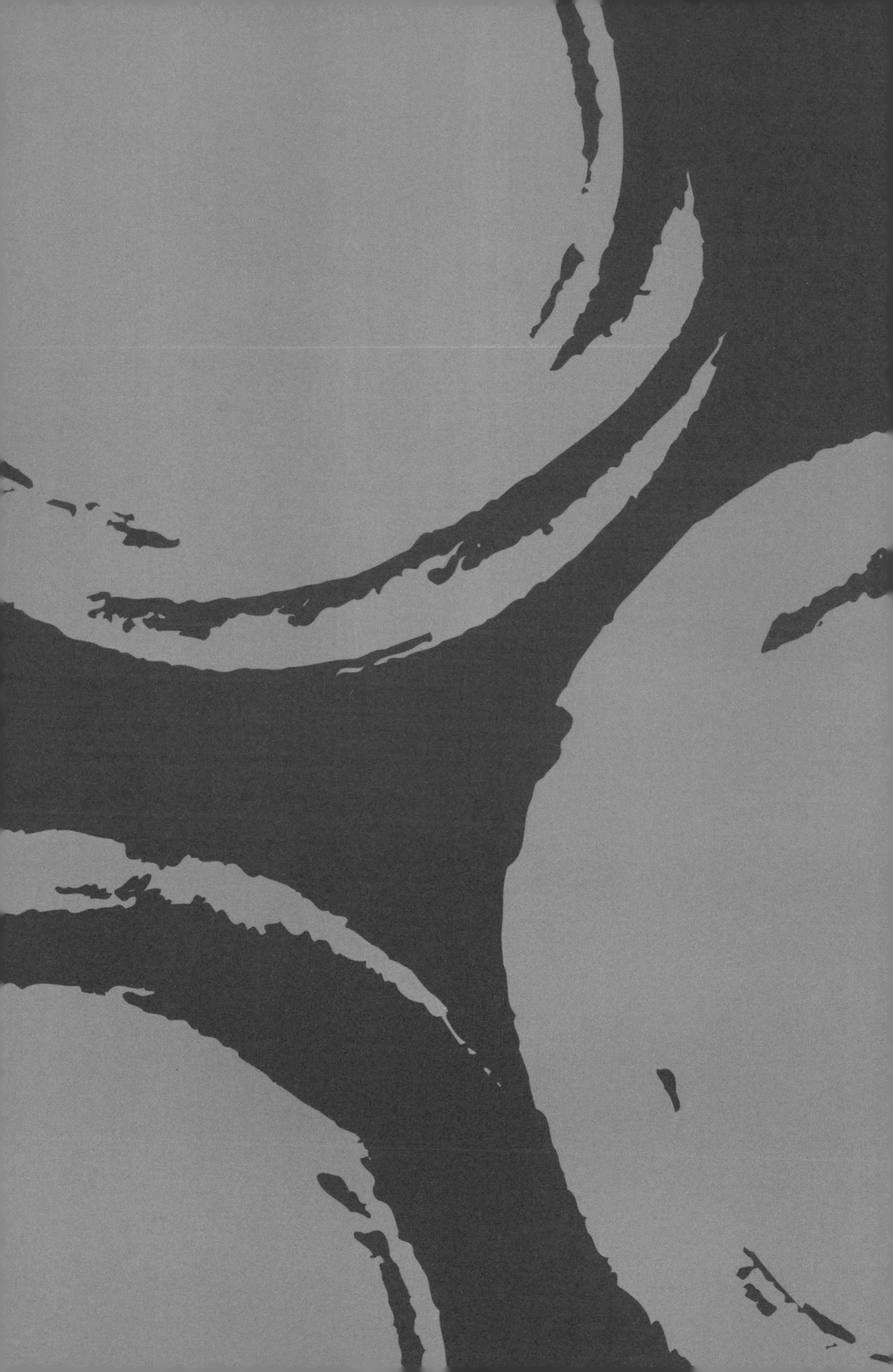